企业优秀班组安全建设方法系列读本

安全生产经典演讲集

孙守仁 著

中国劳动社会保障出版社

图书在版编目(CIP)数据

安全生产经典演讲集/孙守仁著. —北京：中国劳动社会保障出版社，2013

（企业优秀班组安全建设方法系列读本）

ISBN 978-7-5167-0558-2

Ⅰ.①安…　Ⅱ.①孙…　Ⅲ.①生产小组-工业企业管理-安全生产　Ⅳ.①F406.6

中国版本图书馆 CIP 数据核字(2013)第 227004 号

中国劳动社会保障出版社出版发行

（北京市惠新东街 1 号　邮政编码：100029）

*

北京市艺辉印刷有限公司印刷装订　新华书店经销

880 毫米×1230 毫米　32 开本　6.125 印张　117 千字

2013 年 10 月第 1 版　　2013 年 10 月第 1 次印刷

定价：16.00 元

读者服务部电话：（010）64929211/64921644/84643933

发行部电话：（010）64961894

出版社网址：http://www.class.com.cn

内容提要

本书由44篇演讲稿组成，分为上下两编，即：管理人员编和从业人员编。管理人员编有演讲稿22篇，读者对象侧重于企业干部、班组长和安全员，内容包括：落实安全责任制，岂能拿生命开玩笑，渎职是最大犯罪，宁听骂声不听哭声，班组长要念好“安全经”等。从业人员编有演讲稿22篇，读者对象侧重于企业一线职工，内容包括：学会保护自己；放纵是祸，自律是福；手指口念练内功；对习惯性违章下猛药；安全是最大福祉等。

本演讲文集，融理论性、指导性、文学性和实用性为一体，是一本很有借鉴价值的安全实用手册。书中结合安全生产工作实际，提出问题、分析问题、解决问题，有观点、有看法、有见解，是安全生产演讲的范文，又是一本安全教育的读物，可供企业开展安全文化建设使用，还可以作为广大干部职工日常安全生产宣讲参考借鉴。

前言

之所以要编一本《安全生产经典演讲集》，是基于为企业安全文化建设服务，重点关注企业班组安全建设中的常见问题。在写这本书的时候，作者动了不少脑筋，结合常年从事企业安全生产宣传教育工作的经历，力图抓住安全文化的核心。本书采用演讲的形式，既着眼于基层，又结合安全管理实际；既点出企业安全生产存在的常见问题，又包括切实可行的措施，很有实用价值。本书分为管理人员编和从业人员编，每编由22篇演讲稿组成。管理人员编，侧重于企业干部、班组长和安全员，内容包括：落实安全责任制，岂能拿生命开玩笑，渎职是最大犯罪，宁听骂声不听哭声，班组长要念好“安全经”等。从业人员编，侧重于生产一线职工群众，内容包括：学会保护自己；放纵是祸，自律是福；手指口念练内功；对习惯性违章下猛药；安全是最大福祉等。从演讲的内容上看，从多侧面、多角度讲述企业干部和职工如何做到安全生产；从演讲稿文风上看，文字朴实，讲究实用，避免夸夸其谈、信口开河，以讲道理为主，由浅入深，循循善诱，切中要害；从演讲的方法上看，侧重于一个观点，说深谈透，又结合安全实际，指明方向，给人以信心和力量。作者从多侧面、多角度诠释安全文化，这本安全文化读本，给广大企业干部职工提供了拿来即用的演讲素材。

本书内容紧紧围绕安全文化，不但角度新，内容也非常翔实，或叙述，或议论，或感慨，或叮咛，颇有亲切感。本书主要特点：

一是指导性。书中内容围绕企业安全生产展开，字里行间包含着安全法律法规的重要内容，以及安全生产和安全管理的具体方法，对企业安全文化建设具有重要的指导意义。二是文学性。既然是讲演稿，无疑带有文学色彩，大部分演讲稿风格如同散文，无论从语言到内容，从结构到形式，行文轻松自然，读起来朗朗上口，可为有关人员参考使用。三是理论性。内容深藏着安全理论，所有演讲稿都在说理，循循善诱，把问题说深讲透，不是规章制度的生搬硬套，其中包括了演讲人的真知灼见，分析精准到位。四是实用性。本书结合安全生产实际，既有安全生产内容，又有针对性，既能宣传安全文化，又能够让演讲听众受到教育和启发，更为关键的是能为基层安全宣讲提供参考。

作者长期在大型企业从事安全生产宣传教育工作，在企业安全生产方面做过一些研究和探索，对企业安全文化建设有深刻的思考和丰富的经验。同时，又深知企业基层干部和职工在安全文化的提高上有哪些方面的需求，因此在行文时考虑到这个因素，力求在语言上轻松、自然，是对日常安全文化建设中宣讲、经验交流的仿真材料。

安全为天，警钟长鸣！每个人都有安全生产的责任和义务，安全文化建设需要注重工作经验和方法的交流，以点带面，促进整体安全素质的提高。愿此演讲文集能够为广大企业干部职工在演讲中作为范本参考，结合实际进行修改后使用。然而书中难免有不妥之处，敬请广大读者批评指正。

孙守仁

2013 年 4 月

目录

管理人员编

从业人员编

GUANLI RENYUAN BIAN

管理人员编

安全生产经典演讲集

1

以人为本唱大风

【导读】 水能载舟，亦能覆舟。建设企业安全文化，铸造民族之魂，以人为本唱大风。若让劳动者活得有尊严，必须坚持生命至上，安全第一，预防为主，不要带血的GDP。

天地之性，人为贵。以人为本，是建设企业安全文化之本，是铸造中华民族魂之根。

以人为本，不是口号，更不是赶时髦，而是顺应社会发展规律，符合唯物史观。

以人为本，由来已久，有其历史渊源。早在我国春秋时期，齐国国相、杰出的政治家和思想家管仲，在《管子》一书中，有过这样的论述："夫霸王之所始也，以人为本。本治则国固，本乱则国危。"战国时期，著名思想家荀况，在《荀子·王制》篇中，说："君者，舟也；庶人者，水也；水则载舟，水则覆舟。"唐贞观后期，魏征在著名的《谏太宗十思疏》中说："怨不在大，可畏惟人。载舟覆舟，所宜深慎。""水能载舟，亦能覆舟。"

以人为本的根本意义，是中国共产党人坚持全心全意为人民服务的党的根本宗旨的体现。"坚持以人为本"，是党的十六届三中全会提出的一个新要求，并贯穿于我国安全发展的全过程。

以人为本，执政为民，乃治国之方略，又是安全发展、科学发展之核心。近些年来，之所以安全事故屡禁不止，挖其思想根源，是漠视生命的结果。有的领导片面追求政绩，追求利润，只要GDP，不按客观规律办事，必然受到客观规律的惩罚，直至发生重大伤亡事故，给社会造成很不好的影响。于是，就接受教训，亡羊补牢。但由于没有坚持以人为本方针，安全生产状况时好时坏，反反复复，甚至是恶性循环，很不利于安全发展，并影响国计民生。

为何出现这样的情况？分析来分析去，大体有以下三个原因：一是以人为本方针没有得到真正落实，宁要形式主义，不关心民生；二是宁要亡羊补牢，不要未雨绸缪；三是宁要政绩，不管劳动者死活。我这样说，有人会反驳的，是不是不够实事求是，果真如此吗？我可以肯定地说，是我们的思想意识出现了毛病，一切向"钱"看，不顾劳动者生命安全，说到底，就是漠视生命，与治国方略是格格不入的。事实证明，不以人为本，欲速则不达，必将受到严厉惩罚。从我国发生的一些重大安全事故的案例来看，是触目惊心的，甚至是产生了极为不良的负面影响。比如，2012 年 2 月 20 日，鞍钢重型机械有限责任公司铸钢厂铸造车间，在浇铸一大型铸钢件接近结束时，砂型型腔发生喷爆事故。事故造成 13 人死亡，17 人受伤。2010 年 3 月 28 日，华晋焦煤公司王家岭煤矿发生一起特大透水事故，造成 153 人被困。经全力抢险，115 人获救，38 人遇难。还有 2008 年 4 月 28 日胶济铁路线发生一起特大列车相撞事故，导致72人死亡，400余人受伤。之所以发生这样的恶性事故，主要原因：一是安全思想的篱笆扎得不牢，违章作业，给安全隐患以可乘之机；二是以安全措施取代思想教育，摆不正人与物的关系，甚至本末倒置；三是生产目的有失偏颇。因此，只有发挥人的主观能动性和创造性，才能把安全生产落到实处。

一种目标或理想的实现，并不是靠说教，而是要付出艰辛的努力甚至是牺牲。近些年来，每每看到或听到某某企业科技兴安，我就欢欣鼓舞。比如，煤矿设立安全庇护所，并使用上“生命舱”，谱写了一曲“生命之歌”。随着改革开放的深入，人们对生命的重视程度，较之以前发生了质的变化。再比如，从我国煤炭百万吨死亡率的变化来看，安全状况日趋好转。这些足以证明坚持以人为本所取得的丰硕成果。安全形势喜人，不是靠老天爷恩赐，更不是玩数字游戏，而是坚持以人为本方针，真正把安全生产当作头等大事来抓。实践证明，凡是轻视劳动者生命的，往往不注重安全生产，主要表现是：眼睛盯着指标、效益，盲干瞎干，不按规律办事，生产靠行政命令，不是靠法制，靠规章制度，而是瞎指挥。相反，安全形势好的企业，切实把劳动者当作生产力最重要的因素，一切围绕人做文章。比如，加强企业安全文化建设，岗位培训制度化、常态化，坚持持证上岗，自觉遵章守纪，开创安全生产新局面。

那么，企业怎样坚持以人为本，真正把安全生产搞上去呢？答案是：既要有明确的目标和规划，又要有实际步骤；既要有长远打算，又要着眼于现实；既要有前瞻性，又要有务实性；既要提高文化知识水平，又要在素质上大做文章。我们说，以人为本包括很多内容，大体上有以下几个方面：第一，人是生产力诸要素中最重要的要素。一切围绕人做文章，既要调动其积极性和创造性，又要保护他们的生命安全。这和打仗一样，既要消灭敌人，又要保存自己。我们安全生产的目的，正是以人为轴心，消灭工伤，防止职业中毒和职业病的发生，保障劳动者的身体健康。第二，一切规章制度都是人制定的，反过来又需要人严格遵守。这是个很重要的问题。有违章操作，势必发生问题，那就要限制或避免违章，既要说服教育，又要加大惩罚力度，其目的就是保护人身安全，让劳动者高高兴兴上班，平平安安回家。第三，提高人的素质，正是提高安全系数。企业生产并非易事，既要掌握和驾驭生产规律，又要有战胜各种困难的能力，保护其自身的安全。第四，安全发展，科学发展，既要提高生产力水平，又要保护人的生命安全。比如，我国煤炭百万吨死亡率一降再降，达到 0.5 以下。这既归功于安全发展和科学发展，又归功于企业的机械化、电气化和信息化；既归功于安全管理，又归功于党政工团齐抓共管。

我们说，希望是生命的灵魂、心灵的灯塔、成功的向导。以人为本并非是权宜之计，应是企业一切工作的出发点和落脚点，要贯穿于企业生产的全过程，并转化为巨大的生产力，为社会和谐打下坚实的基础。

安全生产无事故，国泰民安喜临门，以人为本唱大风，科学发展和谐经。

2

当好安全第一责任人

【导读】凡安全生产第一责任人，都要恪尽职守，勇于担当，挑起重任，不放过任何安全隐患，避免或减少伤亡事故发生，让“安全之花”在蓝天白云下绽放。

蔚蓝色的天空，掠过“人”字形的雁阵。飞在最前面的头雁，时不时传来“嘎嘎”的叫声，好像在说，后面的，快跟上来，别掉队。一路上，昼飞夜眠，不知要操多少心，克服多少困难，才能安全到达目的地。企业的领导，犹如雁阵中的头雁，他们应该对下属负责，履行其职责，保护员工的生命安全。不要忘记，自己是第一安全责任人，能否创造一个安全和谐的作业场所和良好环境，在某种意义上讲，取决于领导者的责任心以及对安全工作的态度。

我曾当过矿工，知道平平安安挖煤，高高兴兴升井，并不是件容易的事。能否保护自己，又取决于队长或班组长，他们的行为关系到工友们的生命安全。挖煤的都知道，采场是千变万化的，有断层挡道，瓦斯骚扰，还有顶板捣蛋，给挖煤的制造了诸多麻烦。如果我们单纯要煤炭，要生产效益，瓦斯超限也在作业，那后果是可想而知的。一旦发生瓦斯爆炸事故，队长或班长是脱不了干系的，因为他们负有领导责任。我曾记得，我的班长叫马士俊，别看他是老师傅，但他警惕性高，哪里有险情，他都带头处理，转危为安。有一次，采场来压了，山雨欲来风满楼，顶板痉挛了，十几棵矿柱跳起了“迪斯科”，甚至扭成了麻花状，眼看顶板要塌下来了，情况十分危险！他没有犹豫，右胳膊夹着矿柱，左手拎着大锤，噌、噌、噌地蹿到了采场，在其他工友协助下，没用多大工夫，补上了折断的矿柱。采场又恢复平静，即将大冒顶的事故，就这样平息了。过后我问师傅，难道你不怕死吗？他笑了笑说，我是班长，采场安全由我来负责。几十年过去了，他的话仍在耳畔回响。

当好第一安全责任人，不仅说在嘴上，而且还要落实到行动上。如果你是厂（矿）长，既要有长远打算，又要有安全措施；既要考虑安全发展，又要有较大投入。我最近回了一趟“娘家”——辽宁北票冠山矿 422 采煤队，跟现任队长张华军聊起队的发展史，他告诉我，矿上投入很大，加大了煤层“先抽后采”力度，避免了瓦斯超限。我们队干部坚持跟班下井，寸步不离采场，发现安全隐患后及时处理，别说没有重伤以上事故，连轻伤都很少出现。我问他，这样做不觉得累吗？他笑了笑说，如果发生事故，不仅会受到严厉的处罚，而且会受到良心的谴责。我是队里第一安全责任人，由于我的失职或渎职，给工友造成不同程度的伤害，那我就成了历史的罪人。我在想，我的“娘家”之所以零事故，或许与第一安全责任人有直接关系。

还有这样一位班长，他就是中平能化集团七星公司开拓四队白国周，严格落实安全生产的各项制度，不断探索班组安全管理的新方法。他先后总结提炼了理念引领法、班前礼仪法、指令处理法、“三不少”隐患排查法、“三必谈”身心调适法、“三快三勤”现场管理法、互助联保法、手指口述交班法、亲情和谐法等“班组安全管理九法”，并坚持把这些管理方法运用到生产实践中去，创造了22年没有出现任何安全事故的奇迹。国家领导人对“白国周班组管理法”给予充分肯定和高度评价，并做出重要批示，要求在全国各煤矿系统推广。班长白国周之所以成为全国班组长的典范，正是因为他当好第一安全责任人，通过班组管理，把安全工作做到极致。试想，这样的班长，这样的第一安全责任人，始终坚持以人为本，用实践诠释了什么是责任，什么是责任心，什么是表率。

安全第一责任人，又是严格遵章守纪的人，他（她）视规章制度为铁律，像大庆人那样，做到“三老四严四个一样”。我一直关注安全生产，关爱生命安全，我从诸多事故案例中悟到这样一个道理，那就是企业的一把手（包括车间站段班组长），由于他们的失职，或者是不尽责，发生这样或那样的事故，有的受其牵连，或挨了处分，或负法律责任。对此，他们感到冤枉或不理解，甚至抱怨，在他们看来，发生事故是当事人的责任，好像与他（她）无关，果真如此吗？有的“一把手”，的确是能工巧匠，是精英，但他（她）忘记了，手下有十几人或上百人或上千人，这些手下的生命安全拴在“一把手”的身上，由于他（她）的渎职或管理不到位，结果发生了这样或那样的事故。我还认识这样一位班长，他是劳动模范，又是生产能手，但他却带头违章作业，为求进度，多进米，采用短炮线放炮，非但牺牲了自己，而且还殃及了工友。我奉劝企业一把手，如果你希望自己成功，当以恒心为良友，以经验为参谋，以谨慎为兄弟，以希望为哨兵，以安全为生命，铁肩担大任。

谁要游戏人生，他将一事无成，既不能主宰自己，又永远是个奴隶。企业的一把手，第一安全责任人，若想事业有成，成为时代楷模，绝不能游戏人生。所谓游戏人生，就是没把安全当回事，漠视生命，甚至把法律法规甩在脑后，我行我素，不按客观规律办事。尤其是高危企业的“一把手”，更要以安全为天，不能有半点闪失，不能对安全隐患手软，必须把安全责任落实到人。我认为，有一种倾向应引起我们的注意，那就是怎样摆正人和物的关系，即使规章制度再严密再科学，但不能严格执行，那也是无济于事的。

在我看来，要当好第一安全责任人，第一，要提高安全素质，必须牢固树立安全第一思想，坚持以人为本方针，这是当好第一安全责任人的关键。

第二，开拓进取，必须打好安全发展这张牌。所谓安全发展，是对新时期安全生产客观规律的科学认识和准确把握，是经济发展、社会进步的必然要求，是保障人民群众生命财产安全的必然选择。

第三，做好事故的防治，不放过任何安全隐患，提高自律能力，减少或杜绝违章作业，创造安全环保的环境。

第四，谋事在人，成事在天。要想成就大事，要想掌握安全生产的主动权，必须树立“安全责任大于天”。凡是安全第一责任人，都应成为驾驭客观规律的高手，都应是个神奇的导演，演绎一出生动活泼的话剧来。在自己所管辖的地盘，所管理的企业，应该是一片蔚蓝色的天空。安全是职工的生命线，职工是安全的负责人。

林则徐有句经典：苟利国家生死以，岂因祸福避趋之。

3

遵章守纪要从领导做起

【导读】凡是领导干部，不要当官做老爷，要率先垂范，带头遵章守纪，上行下效，甩开膀子抓安全。用模范行动，影响或带动员工，打造一支无坚不摧特别能战斗的队伍。

火车跑得快，全靠车头带。

所谓“车头”，泛指领导干部。他们的表率和模范带头作用，直接影响群众的情绪。无论做任何一种事情，领导都要做表率，起模范带头作用。这使我想起一个“上行下效”的成语来，“教者，效也，上为之，下效之”。意思是说，领导的一言一行、一举一动，都能起到榜样和模范作用，上行下效，身教胜过言教。如果我们的领导，或者说是我们的管理者，带头遵章守纪，潜移默化地影响或带动员工按规程作业，不盲干蛮干瞎干，创造一个温馨、和谐的劳动氛围，就一定能杜绝或减少各类事故的发生。

遵章守纪为何要从领导做起？我想有这样几个问题值得研究和探讨：其一，“车头”作用不可少。领导的举止言谈关系到员工的行为，这叫上行下效。可以这样说，企业领导不拘小节，迟到早退，很难培养和训练一批精兵强将。假如领导是马大哈，甚至时常违章，整个企业很难迈入正轨，不仅完不成生产任务，而且各种事故会接踵而来，麻烦不断，按下葫芦浮起瓢。所以说，只有车头的模范作用，才能带动员工的遵章守纪，二者是相辅相成的。其二，领导是一面镜子，是群众的“领袖”，领导的行为决定企业的走向和发展，关系到员工的素质。不是有句老话吗，村看村，户看户，群众社员看干部。可见干部的表率作用是相当重要的。说到这里，我不由得想起中国工人阶级先锋榜样——铁人王进喜，他是 1205 钻井队长。一天，突然出现井喷，当时没有压井用的重晶粉，王进喜当即决定用水泥代替。成袋的水泥倒入泥浆池搅拌不开，王进喜就甩掉拐杖，大喊一声“跳”，便跃进齐腰深的泥浆池中，戴祝文、丁国堂等七八个人也跟着跳了进去。奋战了 3 个多小时，终于制服了井喷。王进喜累得起不来了。房东赵大娘心疼地说：“王队长，你可真是铁人啊!”“铁人”的名字就这样传开了。有了铁人这样的带头人，1205 钻井队大显神威，谱写了一曲时代的赞歌。其三，有什么样的领导，就能带出什么样的兵。换句话说，领导遵章守纪，员工也会效法，严格要求自己，做到不违章，不违纪，按规程作业，达到优质安全高效。其四，言传身带，严细成风。不要忽视领导的小节。小节反映作风，作风包括纪律、法规等。比如，某采煤队长，发现采场瓦斯超限，采取措施，直至消除了安全隐患，再开始作业。由于身教胜于言教，他带出了一支特别能战斗的队伍。由此说来，领导以身作则，并非是小事，而是关系到队伍建设、关系到安全发展的大问题。

冰冻三尺，非一日之寒。一个良好习惯的养成，大体具备以下因素：一是安全意识。衡量干部有无领导水平，最重要的是要看他有无安全意识，而安全意识的培养，又不是一日之功。不管是企业经理，还是班组长，头脑必须绷紧安全这根弦，时刻不能忘记以人为本的方针，时刻把员工的生命安全放在第一位。二是管理意识。安全管理贵在一个“管”字，如果放弃管理，就等于失职。安全事故往往都是疏于管理而致。近些年来，在我国发生的重大伤亡事故案例中，有相当比例是安全管理不到位或缺乏管理造成的。比如，2012 年河北克尔化工“2·28”重大事故，造成 25 人死亡，4 人失踪，46 人受伤。主要是企业负责人对危险化学品的危险性认识严重不足，一味追求产量和效益，错误实行车间生产的计件制，从而造成超能力生产，严重违反工艺指标进行操作。三是安全发展意识。应该说，近些年来，我国安全生产形势明显好转，主要是企业负责人的安全发展意识增强了，主要表现在以下方面：第一，安全投入增加了。建立安全生产基金，用于安全发展；向机械化、信息化要安全。比如煤矿，采煤机械和掘进机的广泛应用，完善井下瓦斯报警系统。第二，加大了安全培训力度，提高员工素质，尤其是岗位工，不达到要求不上岗。第三，安全防治能力大大加强，抵御风险能力大大提高，降低了事故率。比如，煤矿采场设置了“生命舱”，增强了防御能力，有力地保护矿工生命安全。第四，向科技要安全，要生产力。我觉得，领导干部不光是不迟到不早退问题，更主要是安全管理，如何抓住安全发展、科学发展，这是抓住安全生产的核心，是保护员工生命安全的根本。

领导干部最怕头脑发热，一旦在安全上取得了成绩，容易忘乎所以，关键是自律出了问题。所谓自律，是指在任何场合、任何情况下，都能保持清醒的头脑，不违章违纪，严格要求自己。然而，有的领导干部不能自律，一旦遇到特殊情况，离经叛道，非法生产。那些因安全事故而受到党纪政纪甚至法律处罚的领导干部，大都是不能自律，在关键问题上，丧失立场，给安全隐患开了绿灯，结果发生了不该发生的事故，令人痛心疾首。所以说，遵章守纪要从领导做起，这不是简单的一加一等于二，而是有更深层次的意义，那就是懂得法律法规，既不能亵渎，又不能变通，应无条件执行，这是保证不出事故的起码条件。同时，对于班组长来说，最大的违纪，就是瞎指挥、盲干蛮干，不按客观规律办事，技术不精，放松管理，这些都是导致发生事故的直接原因。

说到这里，我突然想到，清朝金兰生在《格言联璧·从政》里说："执法如山，守身如玉，爱民如子，去蠹如仇。"意思是说，作为领导者，只有执法从严，守身如玉，爱民如子，并仇视坏人和各种不良风气，才能得到人民的拥护和爱戴。领导干部把安全当事办，给员工做出榜样，自然受到员工的拥戴，榜样的力量是无穷的。但愿我们的领导都是遵章守纪的模范。

遵守纪律的风气的培养，只有领导者自身在这方面以身作则才能收到成效。

4

干部不当南郭先生

【导读】要想不做南郭先生，必须掌握生产技能，做行家里手，非但胜任本职工作，而且要务实。还要有事业心和责任感，做称职的“领头雁”，深得员工的尊敬和拥戴。

若是“二百五”，或是“二混子”，挺不起个儿，人们便送其个外号：“南郭先生”。

说到南郭先生，相传在战国时期，齐国的国王非常喜欢听吹竽合奏，好吃懒做的南郭先生想办法混进了乐队，他不懂装懂、摇头晃脑，装出一副行家的样子。不久老国王死后，新国王喜欢听吹竽独奏，南郭先生这下心虚了，害怕会露馅就连夜逃出了皇宫。

我之所以提起这个典故，很想对企业管理者说，没有本事，滥竽充数，绝对是干不好工作的。于是，我想到这样一件事，那是几十年前的事，有个搞煤矿技术的人，竟然把巷道设计到老塘里，幸亏发现得早，否则，非捅大娄子不可。过后，矿工们给他送了个“假大巷”绰号。至今记忆犹新。

我曾告诫自己，无论做什么工作，都不能不懂装懂，稀里糊涂，那样会误事的。无论从事什么工作，都要精益求精，绝不能当

“南郭先生”。否则，那样做，既害了自己，也伤了他人。我这辈子没离开厂矿，看到有的干部，业务水平太低，根本拿不起个儿来，尽管年龄很大，但仍是外行，俗称“白帽子”（不懂业务）。据我了解，为何有这样的干部呢，大体有以下几个原因。一是文化水平低，又肩负领导责任，对业务生疏，但又不认真学习，听不进他人意见，凡事又爱表态，结果是错上加错，不仅弄出笑话，还会铸成不该有的差错。试想，这样的人是你的顶头上司，会有什么样的结果呢。二是不懂装懂，硬充“万事通”，又耻于下问，混在某个业务处室，或是车间站段、班组，负有领导责任，试想跟这样的人为伍，既不能提高业务水平，甚至连水的分子式都搞不明白，更别提其他了。闹出了许多笑话，成为他人话柄。我想这样的人，连南郭先生都不如。三是工作时间长，连基本知识都不通晓，更何况是经验。这样的领导，往往把功劳揽过来，把错误推出去，一贯正确。四是知识缺乏更新，仍抱着“老皇历”，吸收不进新鲜的东西。结果如何呢？靠年头混个一官半职，到头来，仍是个南郭先生。我说了半天，是想跟大家说，南郭先生不能成为行家里手，又打肿脸充胖子，实属悲哀。

南郭先生怕露馅，连夜逃出皇宫，然而我们身边的南郭先生，还在死撑着，结果会出现什么样的结果呢？可想而知，若是在一般班组，涉及不到生命安全，并不会引起人们的注意，假如在要害岗位，那祸可要闯大了，非摊上官司不可。有这样一个事例，几年前，贵州纳雍县群力煤矿发生特大煤与瓦斯突出事故，死亡了35

人，定性为一起可以避免的事故。地方政府派驻该矿的驻矿特派员不懂煤矿专业，不能有效进行监督，形同虚设，起不到安全监管的作用。这使我想到一个问题，安监部门配备人员是有严格要求的，均能吃透国家有关法规和政策，掌握和懂得一定专业业务，能行使监督检查权力的。如果我们的安监人员，像上面提到的不懂煤矿专业的“驻矿特派员”，那个岗位等于聋子耳朵——配搭，非但起不到监察作用，相反成了事故的“导火索”“罪魁祸首”，多么令人痛心疾首。

我们不妨查一查，或考核一下，我们周围有多少个南郭先生。要想不丢掉饭碗，应该熟悉业务，不能再混下去了。毛泽东同志曾说过：没有文化的军队是愚蠢的军队，而愚蠢的军队是不能战胜敌人的。我觉得，一个人没有科学知识，没有文化，是做不好工作的。再比如，各级安监部门的人员，有一定比例是科班出身的，适应安监工作，但是还必须学习有关安全法律法规，学习有关规章制度，学习有关生产技术知识，否则是不能胜任本职工作的。对于安监干部是这样，对于其他部门也是如此，随着社会主义现代化的进程，有的企业是高科技企业，产品的技术含量高，设备又是一流的、精良的，如何驾驭？逼着我们要加强学习，补上科学文化知识这一课，否则，不仅胜任不了本职工作，还会闹出很多笑话。看来，避免或减少南郭先生，必须进行严格考核，绝不能把南郭先生留在所在单位。

把南郭先生留在关键岗位，那样是会误大事的。比如，某某企业发生了重大伤亡事故，某某矿长或经理却一问三不知，连井下有多少工人都不清楚，发生事故的主要原因，说不明白。试想，把工人交给这样的矿长或经理管理，能放心吗？个中原因，就是没有把员工的生命当回事，在他的眼里，是产量，是效益，根本没有安全意识。我之所以说，干部不当南郭先生，并不是有意贬低干部，而是给干部提个醒，谁要是醉生梦死，满足现状，不更新知识，不继续“充电”，当一天和尚撞一天钟，到头来，只能被企业所淘汰。以安监队伍为例，从国家到地方的安监部门，是安全执法的职能部门，必须由专业人员所组成。也就是说，个个懂政策、懂法规、懂业务，能有效进行监督和执法。不是所有的人都可以进来的。人员配备要科学、合理，不能唯学历，还要重经验，会监管，切实把住“进人关”。安监部门不能等同一般部门，人命关天，要层层把关，特别是关键岗位，要严之又严，不能挖到筐里就是菜，要一个萝卜一个坑。安监部门是一个有机整体，这好比一个乐团，不能把南郭先生放进来，更不能叫南郭先生占着座。安监部门要问责，要清理南郭先生，否则是养痈遗患，贻害无穷，还会发生类似的事故，给国家或集体造成不应有的损失。

说到这里，我想问，哪个干部愿做南郭先生？可能都不愿意这样。但是，光说是不行的，必须通过自己的努力，做到务实诚信业务精，只有这样，兵强马壮，像乐团一样，各司其职，上演一场别开生面的音乐会。

我奉劝干部一句：千万别当南郭先生。否则会被时代所抛弃，被企业所淘汰。

5

宁听骂声，不听哭声

【导读】 严是爱，松是害，不管不教成祸害。员工违章，不怜悯，敢于查处，宁可挨骂，也不放弃原则。放任安全隐患，就等于放虎归山，必将铸成大错。

宁听骂声，不听哭声。从字面解释，好像没有什么，但仔细琢磨，这句话包含了很多内容。在我解释之前，列举几个例子，这几个例子很能说明这句话的内涵。比如，出租车司机看到闯红灯过人行横道的行人险些被车轧着，惊出一身冷汗，他打开车窗，硬邦邦掷出了一句：“找死咋的?”那个过人行横道的人，看了一眼司机，自觉得理亏，低着头走了。再比如，有人驾车逆向通行，司机真拿他没办法，只好黑着脸，大吼了一声：“连路都不会走了，回去问问你家人去。”汽车从那个人身边“嗖”地疾驰而过。知道我为啥要举这样的例子吧！

书归正传。我为啥对这个题目感兴趣，自然与安全生产有联系，与安全管理有关。

我是矿工出身，深知井下挖煤之艰难。对于矿工来说，苦点累点算不得什么，最大的心愿是不出事，平平安安下井，高高兴兴升井。然而，事情并非这样简单。时而有违章的，在场的领导宁愿严格管理，也不愿听哭声。然而，事实并非如此。对违章者不以为然，司空见惯，尤其是干部违章由谁来监督，这确实是个问题。谁要给他们提建议，甚至是批评意见，有人说，谁大谁小不知道，大王管小王（扑克牌）。比如，2010 年 3 月 28 日，华晋焦煤公司王家岭煤矿发生一起特大透水事故，造成 153 人被困。经全力抢险，115 人获救，38 人遇难。追查事故原因，表现出七个方面的问题：水文地质情况不清，劳动组织管理混乱，现场管理不到位，安全措施不落实，隐患排查不力，施工组织不合理和安全培训不到位。试想，如果我们的领导，真正做到以人为本，负起责任，宁可听到骂声，也不能听到哭声，这样的事故是可以避免的。可想而知，一场透水事故，就夺去 38 条鲜活的生命，我们的领导干部也成了历史的罪人。虽然他们受到应有的处理，但其教训值得吸取。

是否只要大胆管理，就能避免事故发生？事实并不是这样的，除了大胆管理，还要多管齐下。比如，煤矿采场设置瓦斯监控系统，一旦瓦斯超限，发出预警信号，跟班干部必须采取措施，或撤人或疏散瓦斯，直至瓦斯正常了，才能进采场作业。这是理论上的要求，但他们将报警信号蒙上，来个此地无银三百两，到头来，还是自欺欺人，发生不该发生的伤亡事故。由此说来，干部的行为左右员工的行动，干部需要严格要求，对违章者予以严厉的处罚，甚至停止工作也要保护他人生命安全，这是当干部起码的原则。我长期在厂矿工作，对安全工作是比较了解的，有些干部的眼里是生产任务、各项指标和效益。有个化工企业，长年供热，对司炉工应有严格要求，可是招收来的锅炉工却是弱智，不认识仪表，而当班的干部却睁只眼闭只眼，后来由于未加水，锅炉发生了爆炸。分析事故时，当班的干部悔之晚矣，如果敢于直言，把住司炉工的入口关，可能不至于发生这样的事故。

原则是纪律，放弃原则就是放弃生命。凡是负有主要领导责任的，均为第一安全责任人。比如，某某是路口的负责人，发现有的夜班值班员睡觉，只是简单批评两句了事，谁知，这个值班员值夜班，时常睡觉，结果有一天，一列货车通过路口，他未能及时放杆，有辆汽车通过，与火车相撞，发生了不该发生的伤亡事故。如果路口负责人真正履行职责，对夜班值班员违章行为予以严厉的处罚，甚至调离工作，可能那个值班员会骂路口负责人太不近人情，但因没有火车与汽车相撞事故，也就听不到哭声。我觉得，原则像巍峨的山一样，不能走样，更不能亵渎。如果我们的干部连原则都可以变通，都可以放弃，甚至是本末倒置，那就没有安全底线了。

说到这个话题，自然想起了“似是而非”这个成语来，《后汉书·章帝纪》：“夫俗吏矫饰外貌；似是而非；揆之人事则悦耳；论之阴阳则伤化。”表面上看是一样的，实质是不一样的。为什么要提及它呢？我觉得，在安全管理上，能否大胆管理，方显干部的水平。所谓的水平，主要是指在原则问题上，不能似是而非，更不能和稀泥，必须泾渭分明。本来有人违章了，却视而不见，充当老好人。事实上，放着安全隐患不管，等于放虎归山，其结果可想而知。我在工作中，看到有这样的干部，一是自以为是。靠老经验、老皇历来判断事物正确与否。本来违背客观规律，但却一意孤行。比如，井下掌子面有透水迹象，却置之不理，结果遭殃的是那些工人。二是和事佬，是非不分。对违章者手软，不坚持原则，到头来，害人又害已。三是没有本事，缺乏底气，挺不起个儿，耳朵根软。如果身边的领导是东郭先生，等于怂恿违章或放弃管理，势必埋下这样或那样的安全隐患，这好比定时炸弹一样，迟早会出大事。四是放弃原则，这是最可怕的。任何事故大都是领导放弃原则，对存在的安全隐患视而不见，甚至抱着撞大运的思想，或是盲干、蛮干和瞎干，结果是留下终生遗憾。五是马后炮，吃后悔药，亡羊补牢。这样的干部太没出息，是做不了大事的。

综上所述，应该明白我写“宁听骂声，不听哭声”的真正用意了。在这里，我没有贬低干部的意思，而是给他们提个醒，那就是如何加强安全管理，各负其责，一旦发现问题，必须敢于处理，尽管有的人反感，不接受批评甚至是骂声，但原则不能丢，职责不能放弃，但愿这样的领导越多越好。

严是爱，松是害。让我们记住这句至理名言吧。

6

班组长要念好“安全经”

【导读】兵头将尾，一班（组）之长，念好“安全经”，守住规矩，强化内部管理。从思想上绷紧安全这根弦，从源头上堵塞安全漏洞，力求做到精益求精，牢牢把住安全关。

班组是企业的细胞，是生产的前沿阵地，但又是事故的发源地。应该说，有的企业重视班组建设，有的没当回事，一旦发生安全事故，又做班组文章了。经验告诉我们，班组安全搞不好，直接影响企业的声誉、企业的效益和企业的发展。然而，班组长又是一班（组）之长，对于安全工作负有直接领导责任。

我长期在厂矿工作，几乎泡在基层，同班组长打交道、交朋友，他们的喜怒哀乐，牵动我的神经；他们一举一动，一言一行，直接影响组员健康成长，关系到班组的安全发展。比如，凡涉及安全生产的法律法规及规章制度，对于班组长来说，如何消化或领会并变成自觉行动，取决于班组长的素质、责任心以及对其重视程度。

俗话说，干啥吆喝啥。假如采掘的班组长，身在“四块石头夹块肉”的作业环境，受瓦斯、顶板和水的威胁，是勇挑重担，还是惧怕困难，这里面大有学问。有的驾驭客观规律，巷道有条不紊地向前推进，煤炭源源不断，反之，则麻烦不断，不是冒顶，就是透水，不仅完不成任务，还会事故缠身，碰手碰脚是家常便饭，甚至被矸石砸伤，或被水淹了。其原因是什么呢，有客观因素，但最主要的是脑袋缺根弦，少了一本“安全经”。所谓“安全经”，无外乎是安全管理方面的经验教训以及处理安全隐患的方法。我的师傅马士俊，煤炭战线的劳动模范，他做了一辈子班组长（队长）。在20世纪80年代以前，采场或巷道支护大都使用矿柱，他在实践中摸索出一套打矿柱方法，至今，他的“打柱经”仍在耳畔回响：头锤轻，二锤重，柱打实，心要正……在我看来，这是他的“安全经”，潜移默化地影响着我们工友，深深扎下安全生产的根子，牢牢把住安全关。

“安全经”，非但手指口念，而且要变为员工实际行动。这是班组长必须要做的事情。中平能化集团七星公司开拓四队班长白国周在生产过程中，严格落实安全生产的各项制度，不断探索班组安全管理的新方法。其中的“指令处理法”，主要包括指令、处理、监督。班组人员集体到达工作面手指口述接班后，班长先进行隐患排查，发现问题用粉笔写在明显的地方，给这里工作的工友发出指令。我觉得，这个“指令”很受用，别说煤矿班组长应该效法，其他行业班组也应发展创新。有人说，不就是用粉笔做个记号吗？那也是“安全经”？没在井下干过的，并不知道采场或掘进工作面情况。只要进行采掘，就会有隐患产生，关键是如何对待，如何处理，这是最最重要的。比如，“敲帮问顶”，这里头就有安全，掘进工作面放完炮，断面参差不齐，顶板上留有浮石，帮上有要栽下来的矸石，如果不及时处理，就会砸着人，甚至会发生伤亡事故。在我看来，“敲帮问顶”也属于安全管理范畴，万万不可忽视，谁要是大意了，甚至是不管不顾，那就危险了。

所谓“安全经”，是在生产活动中总结出来的，不是书本写就的，更不是上帝赐予的。不论做任何工作，都要细心、精益求精，力求做到极致，这就是我们常说的“安全经”。

“安全经”从何而来，不是从天上掉下来的，更不是头脑所固有的。凡是班组长，都有一套过硬的功夫，都会积累和总结一套安全管理的方法，这些就是我们做好安全工作的法宝。我想有这样几个方法：一是言传身带法。说上千遍万遍，不如自己做上一遍。意思是，不能光说不做，不能只做“嘴把式”；要又说又做传真经。班组长用自己的行动，带动组员安分守己，不违章，不做出格的事，其效果是可想而知的。我说到这里，仿佛眼前出现我师傅的身影，他时常拎着大锤，补打松动的矿柱，使顶板像泰山一样牢固，在场作业的工友没有半点危险。二是婆婆嘴。我说的婆婆嘴，时刻提醒工友，坚持按操作规程作业，做到一丝一毫不走样。班组长多说一句话，可能会减少一分危险或是避免一次事故发生。不要小看婆婆嘴，这里面有提示，有批评，有警钟长鸣。三是班前会。矿上叫“安全戴帽”，别小看这十几分钟，作用可不小，班组长讲经验教训，或者讲容易发生的问题，讲身边的安全隐患，讲要注意的事项，总之，都是提醒、叮嘱，甚至是善意的批评。其目的，就是保护自己和他人，不出事故，没有伤害，又能闯关夺隘，完成各项生产任务。四是安全培训。班组长随时随地进行安全教育，或是做示范，或是传授经验，或是讲解法律法规，或是分析事故案例，或是培训施救方法等，以提高工友的安全素质，自觉防范，减少或避免事故发生。平平安安上班，高高兴兴回家。

要把“安全经”凝固在血液里。这就是我们常说的安全意识。无论在任何条件下，都要时刻绷紧安全这根弦。比如，在生产顺利的时候，不能忘乎所以，要查出自己的不足，要跟自己过不去。在我看来，安全意识不是与生俱来的，而是长期培养修炼的结果。

班组长念好“安全经”，不光是念，最重要的是做，是按照操作规程去做，按照规范去做，按照客观规律去做，力求做到精益求精。这样一来，在你所在的班组，永远听不到哭声，永远是安全第一。

7

漠视安全等于犯罪

【导读】谁漠视安全，甚至是不管不顾，谁就等于漠视生命。落实“安全第一，预防为主”的方针，严格企业管理，把安全生产搞上去，不愧对于员工，不愧对于国家。

芸芸众生，孰不爱生？爱生之极，进而爱群。(秋瑾)

我之所以选择这个话题，是希望领导不要漠视安全，因为没有安全，就没有生命。安全与生命是息息相关的。我这样说，可能会有人反对，或者说是不赞成，嫌弃这样的结论太绝对。果真如此吗？听我慢慢地道来。

我们进行生产经营的目的，是满足人们日益增长的物质和文化的需要。这里面包含下面三层意思。一是生存的需要。人们必须从事生产经营工作，创造物质财富，以满足基本生存的需要。二是社会发展的需要。社会财富从哪里而来，必须通过生产劳动而获得，增加社会积累，以扩大再生产。三是壮国威的需要。只有拥有雄厚的物质基础，才能增强综合国力，屹立于世界民族之林。

对于企业而言，为什么口不离安全生产？那是因为，在生产活动中，难免产生这样或那样的安全隐患，如果我们对其手软，或者不加以治理，那它就会蹬鼻子上脸，轻者碰手碰脚，重者会发生伤亡事故。所以，我们绝不能漠视安全，对安全隐患要像痛打落水狗那样，绝不能给其喘息机会，否则就会被其伤身。说到这里，我想起了《伊索寓言》里的《农夫和蛇》。故事是这样的，冬天，农夫发现一条蛇冻僵了，他很可怜它，便把蛇放在自己怀里。蛇温暖后，苏醒了过来，恢复了它的本性，咬了它的恩人一口，使他受到了致命的伤害。农夫临死前说：“我该死，我怜悯恶人，应该受恶报。”农夫对蛇的怜悯，其结果是丢了自己的性命。这好比安全隐患一样，如果我们漠视它，甚至是置之不理，久而久之，安全隐患势必要兴风作浪，甚至酿成祸端。由此可见，我们对安全隐患的漠视，在某种意义上说，它就等于我们漠视生命，就等于犯罪。我这样推理，并不为过，实际生活，莫不是如此。

把不住安全关，领导等于失职，这算不算是一种犯罪？我们创造物质财富，不是以牺牲生命为代价，而是不让事故伤害我们，并取得生产的主动权。然而，我们有的领导并不是这样，对威胁员工生命安全的隐患，视而不见，听而不闻，只顾抓进度，抓效益，说到底，就是抓钱。

很多年前，我在井下生产实习，队里招进了一批新工人，因巷道积水尺余深，队长叫一个新工人推来一辆空车，由于他对这里情况不熟悉，结果踩进坑里，腿被转动的无极绳轮子绞断。如果队长事先告诉那个工人，前面有个“陷阱”，别掉进去，恐怕就不会有事故发生。我曾见过这样的班组长或队长，他肯卖力，俨然是生产上的一把好手，但他只顾自己干，却不管他人安全。我觉得，若是跟着他干活，连命都保不住，跟这样的领导够倒霉的了。

有人说，有些事故猝不及防，尤其是高危行业，更是如此。比如，矿井采场瓦斯突然增高；正在隧道里行驶的火车，突然前方出现塌方，大桥突然坍塌……有好多好多意想不到的“突然”，关键是我们有的领导，是否考虑到不利的因素，是否有应对突然变故的措施。这里有这样几个问题值得深思：一是领导头脑是否装着“安全”二字，有没有忧患意识。比如，大雨滂沱，连下了两天两夜，某矿井怎样防范山洪暴发，是安全撤人，还是采取其他措施，做到万无一失。如果不是这样，起码心里没有装着安全，一旦“狼”来了，就会束手无策。二是领导是否水未到，坝先垒，是不是打有准备之仗。比如，采场采取了“先抽后采”措施，瓦斯降伏了，可以放心大胆地采煤了，假如瓦斯突然增高，面对突然的变故，是否提前想到为了保护工人生命安全，采取措施来应对。三是一旦发生事故，在追查事故原因时，有的领导不查找内因，而在外因上做文章，什么自然灾害不可抵御，比如，地震、山体滑坡、山洪暴发、雷电以及冰雹等，总之，能找到的原因都要找到，一来减轻处罚程度，二来不至于丢掉乌纱帽。应该承认，企业生产是受自然条件影响和制约，关键是怎么应对。比如，有的企业，缺乏必要的安全投入，设备或设置几十年没变化，甚至是带病运转，企业负责人是睁只眼闭只眼，他们考虑的是效益，是成本，根本不去考虑工人的生命安全。这样的领导，心目中还有工人吗？正因为他们心目中没有工人，那么他所掌管的企业势必缺乏活力，根本生产不了一流的产品。

领导不漠视安全，不光是说在嘴上，而且要付诸行动，要给工人创造安全舒适的作业环境。比如，采场巷道设置“生命舱”，需要投入大量的资金，尤其是对于规模小的矿井，伤筋动骨，等于在身上割肉一样。但是，为了工人的生命安全，宁可多花钱，增加了成本，减少了收入，一旦发生突发事故，工人可以躲避到“生命舱”，把伤亡指数降低到最低点。看似小事，实际上，是领导心里有没有工人。领导不漠视安全，还应该表现在智慧上，不鲁莽，不主观，不自以为是。比如，下地窖作业的，一氧化碳中毒了，如何施救？这里大有学问，如果还像前面的人那样，弄得不好，等于白白送死。看来领导没有文化，没有知识，光有好的动机，也不会产生好的效果。所以说，漠视安全等于犯罪，并不是说说而已，而要落实到行动上，需要从各方面付出努力，真正替工人生命着想，做到以人为本。

千万不要漠视安全，因为领导的疏忽或指挥失当，导致一起起事故的发生，实在是令人痛心疾首。只要我们从每件事做起，心里想到安全，并有防范措施，用最小的代价换取更大的效益，那是人们所期待的。

珍视生命，就不能漠视安全；热爱生活，就要从安全抓起。让我们更加注意安全，保护自己以及他人，这是人性之使然。

8

安全贵在创新

【导读】没有创新，就没有活力。安全发展，贵在创新，就会收到事半功倍的效果。然而，创新不是变通，更不是偷梁换柱，而是遵照客观规律，不断变化或更新。

创新，在英文中是 innovation。这个词起源于拉丁语。它原意有三层：第一，更新；第二，创造新的东西；第三，改变。创新作为一种理论，它的形成是在 20 世纪的事情。一个学经济学、学管理学，大家比较熟悉的一个人，美国哈佛大学教授熊彼特，他在 1912 年，第一次把创新引入了经济领域。然而，安全工作跟其他工作一样，也要创新，与时俱进。否则只能沿袭原有的方法，由于缺乏新意，很难达到预期目的。

安全创新，不是改旗易帜，更不是变更核心内容，而是在原有基础上，或更新，或创造，或发展，关键是改变我们的思维定式，并形成一种理论，以引领新潮流，推动安全发展。这是最最重要的。我举个例子，某个企业，查找了十几个重大安全隐患，如果解决不好，非发生事故不可。在这种情况下，企业负责人竟然把重大安全隐患明码标价，说谁能把它解决了，就给他多少报酬。结果这些“安全隐患”分别被人给“抢”走了，没过多长时间，统统解决了。我乍听这个做法，很不理解，解决安全隐患怎么可以通过悬赏的方式呢？是不是有点出格呢？为此，我思索再三，仍未跳出原有的框子，仍未走出墨守成规的圈子。后来，我在想，物质刺激当属市场经济手段，反过来说，没有物质刺激，岂能促进生产力发展。直至现在，我省悟了，原来安全也要创新，否则就会在原地踏步，不能促进生产力发展。安全也是如此，不能因循守旧，不能闭关自守，应解放思想，开拓进取。

如果说安全是生产力，那么安全就应该创新，否则不可能得到发展。应该说，我们在安全上吃到的苦头太多了，老在亡羊补牢。以煤矿来说，百万吨死亡率仍在 0.5 左右，跟发达国家相比，仍有较大差距。较比以前，应该说有长足的进步。我是矿工出身，非常关注煤矿安全，哪个煤矿发生事故，寝食不安。我老是在想，是哪个环节出了问题，或是违章作业了吧。不用猜，不是煤与瓦斯突出或瓦斯爆炸，就是透水或冒顶事故。多少年来，不知夺去了多少条鲜活的生命。难道说瓦斯就治不了？有人说它是“癌症”，真的束手无策吗？逼得我们另辟蹊径，可以称之为创新。比如，在煤层未开采前，采取“先抽后采”，换句话说，就是先把瓦斯抽放了，再进行开采，这样做的目的，就是使瓦斯含量大大降低，安全系数大大增加。从源头上降低瓦斯浓度，仅仅是一个措施，却会出现不一样的效果。所以说，安全创新，应在提高生产力上下功夫。

在安全内容上创新。有这样几个问题值得注意：一是打破条条框框，解放思想，开拓进取。比如，安全责任制落实，这是个大问题。从事故案例上看，皆因责任不落实，而发生不该发生的事故。如何落实责任，必须发挥分配中的杠杆作用，不同的责任，获得不同的收入。换句话说，就是安全责任制的上挂下联，即：上挂收入，下联奖罚，既调动其积极性和主动性，又能把住安全关。二是精益求精，从质量上要安全。比如，某化工厂的维修工，负责管理阀门，必须拧到位，否则极易出现泄露现象，轻者易中毒；重者易发生爆炸。如果我们的维修工技术高超，阀门拧到位，既不过紧，又不松动，别小看这活计，很有一套功夫的。所以，领导要注重培养一批精兵强将，牢牢把住安全技术关，减少或避免事故发生。三是向先进生产力要安全。干喊安全生产，没有具体行动，那等于在原地打转转，不会有好的起色。辽宁北票冠山煤矿，经过技术改造后，采取了“先抽后采”，引进采掘机械，“鸟枪换炮”，人员减到两三千人，是原来的 1/4，年产量 60 万吨，比先前提高 20%。

在安全形式上创新。所谓形式创新，是指在不改变安全内容性质的基础上，进行方式方法创新。实践证明，会收到意想不到的效果。然而，有的领导却不是这样，仍采用老的方法、陈旧的形式，达不到预期目的。比如，安全教育，大多数单位是念、听、散，找张报纸或有关学习资料，由领导来读，大家听，然后就散会了，这种“水过地皮湿”的教育，既浪费时间，又没有很好的效果。假如在安全教育上创新，形式多种多样，会有不同的效果。大体有以下几种：一是图版法。通过图版，将违章案例画成漫画，使受众看到因果关系，受到教育启发，并在头脑里打下深刻的烙印。二是现身说法，违章者讲述违章经过，或是自己受伤，或殃及他人，或给国家或集体财产造成不应有的损失。这种形式很值得借鉴和效法。三是影像法。将有关法规或事故案例制成幻灯片，花费很少时间，收到很好效果。四是手指口念法。这种方法看似原始，但却应用普遍，极易受益。实际上，我们只要稍动脑筋，变换各种形式，就会产生不同的结果。教育手段创新。或用电视广播，或开设专题，或制成课件，或图片展览等。我仅举安全教育创新，就列出这几种方法。那么其他方面创新，更是多种多样，关键是看我们的领导是否动脑筋想办法了。鲁迅有一句名言：“希望是本无所谓有，无所谓无的。这正如地上的路，其实地上本没有路，走的人多了，也便成了路。”有些形式，不是先前就有的，也不是书本上写着的，而是人们在实践中摸索创造出来的。

安全创新，是大势所趋，也就是说，没有创新，很难吹活一池春水。只有创新，用新的方法、手段取代陈旧的方法、手段，才能取得更大的收获。只有安全创新，才会有安全发展，安全形势才会好转，并有所建树。这是我们所期待的。

9

关键是管住人

【导读】 人是生产力第一要素，企业所有的规章制度，都是为员工而设立的。我们说，管住人就等于管住各项制度，各项制度又是约束和限制其行为的，以保证安全生产。

大凡现代企业，都注重安全管理。假如安全出现纰漏，事故就会接踵而来。有的领导十分重视，采取很多措施，试图把安全管理好，但却达不到预期目的。

应该说，企业里的所有管理，都是对人的管理，说白了，那就是人管人。到底怎样才能管到位，这不单单是门学问，而且大有探讨之必要。可以这样说，有的企业采取了措施，想尽了办法，加大了管理力度，安全状况仍未好转。问题出在哪里？有的说，是员工素质太低；有的说，是管理方法不科学；还有的说，没管到正地方。我的看法是这样的：一是到底管什么？是人的思想，还是人的行为？绝大多数领导，注重人的行为管理，而忽视人的思想管理。我觉得，由于人的思想没管住，那就等于“开关”失灵了，起不到作用了，到头来，还是什么都没管住。二是到底是管物，还是管人？绝大多数领导忽视对人的管理。比如，我们在查找安全隐患的时候，往往忽视隐患形成原因，没有刨根问底，甚至把原因归结在安全管理上。三是管理的简单化，手段单一，没有管到正地方，结果费力不少，事倍功半。四是一味罚款，非但没有杜绝安全事故，相反阻碍安全发展。综上所述，领导没有管住人，是管理的出发点和归宿点出了问题。人没管住，一事无成。

靠什么才能管住人？是严厉的惩罚吗？我觉得不是。为了回答这个问题，话还得说回来。企业为安全管理制定了很多规章制度，而规章制度又是规范人的行为，凡是违章的，是其行为出了问题，发生不该发生的事故。比如，矿井瓦斯超限，还在继续作业，这是严重的违章。究其原因，第一，是领导为追求经济利益，怕影响出煤，因而带头违章。第二，在规章制度上搞变通，或者睁一只眼闭一只眼。第三，私欲驱使，明知是违章，竟然不管工人死活，而放弃原则，亵渎生命。第四，没把规章制度当回事，本身就是一种无知。如果我们的顶头上司无知，那问题就大了，他会把员工带进万丈深渊，甚至是绝路。事实证明，靠什么管住人的行为，不是罚款，不是开除公职，而是规章制度，那是血的教训凝结，谁触犯谁就等于踩了地雷。所以说，管人主要通过规章制度来规范人的行为，严格按规章制度办事。

那么，我们的领导为什么管不住人呢？有人说，缺少领导方法；有人说，领导手段出了问题；还有人说是领导水平太低，总之，众说纷纭，振振有词，但我觉得，有这样几个问题值得探讨。

一是有深厚的感情。在我看来，领导对下属要有深厚的感情，如果老是板着冷面孔，表面上是听你的，服从你的领导，内心不买你的账。实际上，这等于没有管住人。必须用科学的方法。人是高级动物，是有思想的，不是所有的指令都能接受。要开通渠道，做到入心、入脑、心服口服。比如，中平能化集团七星公司开拓四队班长白国周不断探索班组安全管理的新方法“三必谈”：发现情绪不正常的人必谈；对受到批评的人必谈；每月必须召开一次谈心会。领导与被领导者之间，拉近距离，心心相印，知己知彼，相互了解，并且把员工当人看。所以说，管理人是门艺术，并不是所有的领导都能管住人的。

二是身教胜于言教。有的领导不能以身作则，甚至带头违反纪律。比如，班组长表率作用差，有违章现象，短处多多，说话不硬气，管理没勇气，班里的风气不好。原因很简单，由于班组长的模范作用差，组员很难拧成一股绳，这样的领导能管住人吗？事实证明，凡以身作则差的领导是管不住人的，规章制度很难执行，违章现象屡禁不止，安全状况不可能好。凡被事故盯上的班组或企业，其领导大都是作风散漫，没把规章制度当回事。不是有这样一句话吗？火车跑得快，全靠车头带。如果领导失去作用，怎能带动下属呀！并不是所有的领导都能管住人，管好人。

三是管住自己。上行下效，有什么样领导，就会带出什么样的兵。以班组而言，班组长管不住自己，带头违章，轻者碰手碰脚；重者发生不该发生的伤亡事故。在追查责任时，班组长很难逃避处罚，原因很简单，是他没起好作用，这样的班组长肯定被换掉。不要以为这是小事，班组长是兵头将尾，他的一言一行，都影响着组员的行为。他带头违章，岂能制止他人违章，一个违章作业的班组，成何体统！尤其是现代化生产，像链条一样，哪个链条发生故障，整个流水线就得停产。连班组长或车间站段领导都带头违章，可想而知，那将是什么样的局面。所以说，连自己都管不住，还能管住他人吗？

四是领导者要有气量。从某种意义上说领导者有没有气量，量大量小是决定其做人做事成败的关键之一。领导者能否管理人，关键在于建构一个好系统，让人的长处得以发挥，短处得以包容。我觉得这一点很重要。有的领导太注重面子，听不进反面意见，别说包容下属，不打击报复就是烧高香了。由此可见，领导者的气量非常重要，气量可以出凝聚力，可以团结人，并形成一个有机整体，攻无不克，战无不胜。

实际上，能管住人的领导者，好比是交响乐的指挥，通过他的努力、想象和指挥，各种乐器融合成一幕精彩的音乐表演。

能否管住人，管好人，是管好安全的关键。

10

别忽视“半边天”

【导读】家庭的一半是女人。在安全生产上，注意发挥贤内助作用，吹好“枕头风”，塑造男人风采，创造家庭和谐，她们是一支不可多得的力量，切莫忽视妇女作用。

有德的妇人，即使容貌丑陋，也是家庭的装饰。

家庭的一半，是女人。女人具有举足轻重的地位和作用。

毛泽东同志曾说过：中国的妇女是一种伟大的人力资源，必须发掘这种资源，为了建设伟大社会主义国家而奋斗。妇女能顶半边天。毛泽东同志对妇女的作用，做了极其精辟的阐述。我们如何发掘这种资源呢？我是想从另一个角度、另一个侧面来论述。以企业安全生产而言，有的企业领导忽视半边天（家属）作用，好像安全生产是男人的事，跟他们的家属关系不大。事实绝非如此。我举个例子，有个上夜班的绞车司机，因妻子跟他母亲闹了点矛盾，当班时，心里老想着家事，思想溜号了，绞车过卷了，一个五吨重的吊罐坠到 600 米深的井筒里，砸死作业的 8 名矿工，这个司机负有法律责任。司机妻子在法庭上哭肿了眼睛，后悔不已，假如她是合格的贤内助，不至于发生这样的事故。我觉得，企业的领导，眼睛不能光盯着员工，后面还有强大后盾，不要低估家属的作用。妇女也是生产力，要善于挖掘发挥这种人力资源，为安全生产服务，让家属做出应有的贡献。然而，有的企业对员工家属重视不够，认为只要员工不违章，安全生产就不会出问题，是这样的吗？事实并非如此。我觉得有四个问题值得重视：一是员工跟家属有着千丝万缕的联系，员工违章的原因，不光是他自己，而且跟班组其他成员以及他的亲人有关联。二是员工肯听家属的话，在某种意义上讲，她们的话，比领导还要管用，由家属来做员工工作，会产生事半功倍的效果。三是家属也是企业的“借用力量”，比如，在安全生产上，通过家属来做工作，有这样三个好处，其一，直截了当，不拐弯抹角，点到要害。比如，因违章丢了一条命，家属会说，一个好端端的家，毁在你手里，难道要家破人亡吗？其二，反复做工作，直至改正为止。比如，某某某习惯性违章，月月挨罚，工资比他人少了一大截，家属自然不满意，甚至家属和孩子都来数落他，甚至威胁他，再违章就跟他离婚，说得他无地自容，易产生意想不到的效果。其三，用亲情感化违章违纪员工，这是企业领导所不能的。我觉得，亲情可以融化一切矛盾，也可矫正错误言行，又能产生正能量。四是家属不是可有可无的，在安全生产上，确实是一支不可忽视的力量。

企业员工离不开家属的支持。在这方面，有些煤矿做得好，他们在抓安全生产同时，不忘发挥家属的作用。比如，有的矿工违章了，特别是习惯性违章，不但对其进行帮助教育，而且还做家属工作，吹好“枕头风”，配合企业做好员工思想工作，并采取有力措施，使其不再违章，做遵章守纪的好工人。要想得到家属的支持，必须重视家属工作。以前企业工会设立女工部，专门做家属工作。比如，逢年过节，家属到井口给升井的矿工端茶送水，有的送鞋垫，还有的演节目，送去家属对矿工的爱。现在回想起来，历历在目。矿工在家属的大力支持下，做到不违章，不旷工，不出带血的煤炭。有这样一个例子，有个老绞车司机，他开了一辈子绞车，却没出过一次事故，真可谓是“老安全”了。我做矿报记者时，曾采访过他，问他上夜班时，有没有打盹的时候，他很肯定地说，没有。我问他有何诀窍，他有点不好意思，不肯告诉我，经过我再三追问，他说，我上夜班，绝对保证睡眠。家属怕孩子闹，带孩子到外边玩，甚至到邻居家串门。由于家属的支持，他精力集中，操车没打过盹，没违过章，没出现过事故。

家属是企业安全生产不可多得的力量。有人反驳这种说法，认为家属无外乎是带带孩子，做好饭，有什么资源可挖掘呢？我觉得，说这样话的人，好像是不食人间烟火，不懂得家属的作用，这是不能用钱所替代的，大有文章可做。家庭是个小社会，低估家属就是低估小社会。比如，煤矿安全表彰会，邀请家属参加，对优秀贤内助，矿领导为她们披红戴花，肯定她们的工作，肯定她们的付出及奉献。再比如，企业召开职工代表大会，有家属代表参加，听取她们意见，在如何做好后勤保障方面，出谋划策，提合理化建议，使家属有一种光荣感。还比如，有的员工违章了，受到处罚，一时想不通，甚至破罐破摔，但在家属的帮助下，认识了错误，改邪归正，并成为遵章守纪的模范。

家属也是安全文化的主力军。某采煤队把队里所有的家庭拍成“全家福”，每当下井前，矿工看到自己的老婆孩子，仿佛听到妻子的叮嘱：高高兴兴地下井，平平安安地归来，好像看到妻子在向他招手致意，孩子他爸，干活注意点儿，别不管不顾的，碰坏手脚，自己痛苦，也牵动全家人神经。我觉得，企业安全文化的主角，不光是员工，还有他们的家属，她们是半边天。随着现代化进程，我们可以利用广播电视、电脑和手机，将家属的合理化建议，发到领导手里，还可以通过闭路电视，将矿嫂的事迹，拍成微电影，也可以发电子邮件。可以说，手段多种多样，形式五花八门，员工通过有声有色的安全文化熏陶，潜移默化地扎下安全的根子，安全意识得到了加强，事故率降低了，社会更加安定和谐了。

11

应急预案是杀手锏

【导读】 应急预案，是安全管理的重要内容，是杀手锏，是亮剑，是打有准备之仗。一旦企业发生突发变故，事先有准备，有防范措施，有施救方案，防止次灾害发生。

应急预案，并非“弄景”，而是非有不可。

何谓应急预案？应急预案是指面对突发事件如自然灾害、重特大事故、环境公害及人为破坏的应急管理、指挥、救援计划等。它一般应建立在综合防灾规划上。其几大重要子系统为：完善的应急组织管理指挥系统；强有力的应急工程救援保障体系；综合协调、应对自如的相互支持系统；充分备灾的保障供应体系；综合救援的应急队伍等。就企业而言，备有应急预案，这不是做不做的问题，而是必须要做好的问题，它是关系到员工的生命安全、关系到企业形象的问题。

为何企业要备有应急预案？我觉得，这不是心血来潮，更不是别出心裁，而是安全发展的需要。要回答这个问题，应着眼于以下几个方面：第一，应急预案是以人为本方针的需要。企业一旦发生突发事故，必须防止次灾害发生，把事故损失降到最低点。这是对企业负责，也是对员工负责。第二，应急预案是企业安全管理的重要组成部分。就企业安全管理而言，其包括的内容很多，过去往往忽视应急预案方面的工作，或者没把它当回事。随着时代发展，企业开始重视应急预案，它是安全发展的必然结果。也就是说，没有应急预案，意味着安全管理没有到位，或者说是缺失。第三，应急预案也是企业安全的重要内容。无论是国有业企，还是私营企业，都要有应急预案，这是因为，突发变故并不受人为控制，假如发生重特大伤亡事故，因有处理事故的办法和措施，能避免人员更大伤亡，把国家和集体财产损失降到最低。如果不是这样，次生灾害接踵而来，那损失就更大了。第四，应急预案是企业领导明智之举，是企业发展的必然。我并不是说，企业有可能发生重大伤亡事故，但事实并非我们所想象的那样，不会发生预想不到的变故，我们必须做两手准备。一旦有事故发生，不至于猝不及防，不仅有精神准备，更重要是有应急预案，这就是我们平常所说的忧患意识，这是我们做好安全工作的基础和前提。

企业有没有应急预案，结果截然不一样。近年来，我国有些企业发生了重大伤亡事故，但在施救上有的做得好，有的做得差，尽管原因是多方面的，但在我看来，做得差的，主要是没有应急预案。也就是说，在思想上、物质上、措施上没有准备，甚至是束手无策。这好比山洪暴发，毫无准备，只好任其往矿井里灌，造成矿难发生。如果我们在这方面有所准备，有防洪措施，甚至有应急预案，那就会出现截然不同的结果。2010 年智利圣何塞铜矿塌方了，

33 名矿工被困在 700 多米深的井下，经过 69 天的抢救，终于重见了天日，创造了世界矿难史上的奇迹。是什么原因，使他们得救？最主要是井下设立“庇护所”，如果没有应急措施，恐怕是不能得救的。看来应急预案是突发事故的“救命稻草”。以我国煤矿为例，要求建立避险系统，在采场设立避灾峒室或是“生命舱”，在我看来，避灾峒室也好，“生命舱”也罢，都应归属于应急预案内容，这是对员工的生命负责，很值得大力推广。

应该说，有些企业并没有把应急预案纳入安全管理重要内容，从思想上没有引起重视，甚至想都没有想，主要表现在以下方面：其一，小生产意识。有的企业认为规模小，与他们无关，建立不建立应急预案无所谓，即使突发变故，也不会遭受多大损失，根本没当回事，更别说有何措施了。其二，应付差事。应急预案没有多大用途，情况是在不断变化，有的预案很可能过时，只不过是应景而已。果真如此吗？不是这样的，企业非但要有应急预案，而且应急预案还要符合客观实际，并非可有可无，必须达到规定标准。其三，做表面文章。只是做做样子，是做给上级看的，至于应急预案的质量如何，则是另一回事了。如果企业经理或厂长都这样想，那他（她）就不称职了。衡量其领导者的水平，是否有大手笔、大度量、大胸怀，既要看其当前，又要虑其长远，否则，那是鼠目寸光，没有作为。其四，草草率率。应急预案并非是小事，而是一项工程，需要运筹帷幄，想得周到、具体，那是人命关天的大事，需要对员工负责，对企业负责，对社会负责。因为有了这四种想法或做法，使得应急预案仍处于初级阶段。作为企业领导，应心中有数，怎样做好应急预案，也是企业安全工作重中之重。

怎样编制好应急预案？我觉得，编制应急预案是企业经理（厂长）一项重要任务，做得如何，衡量其领导水平，是否高瞻远瞩，是否经得历史的考验。编制时应注意的问题大体有以下几个方面：第一，结合本企业实际，确立应急预案重点。这是预案的核心，也就是说，是否有实用价值。第二，预案内容应具体实在，具有三性：一是客观性，不能望风扑影，更不能胡编滥造，偏离本企业实际，甚至从别的企业抄转过来。二是实用性。要求简单、实用，利于操作，有较高的实用价值。三是真实性。所谓真实性，是指预案真实、可靠，经得起推敲，经得起时间考验。第三，考虑周全，具有前瞻性。所谓前瞻性，就是高瞻远瞩，预测可能会发生的事故，怎样实施抢救，做好哪些方面准备。第四，科学性。凡是发生事故，怎样施救，必须讲究科学，不能再发生次生灾害。往往有这样的情景，一旦发生灾难，由于施救方法不对头，加上瞎指挥，把方案抛到一边，结果适得其反，一塌糊涂。第五，应急预案应经上级有关部门讨论、审阅。第六，应急预案要公布于众，要让员工有所了解，不能锁在抽屉里睡大觉。并且要有专人负责。尤其是经理（厂长）要心中有数，做到知己知彼，百战不殆。

别小瞧应急预案，它是安全意识、内容、管理的结晶，是应付突发变故的“武器”，万万大意不得。

12

岂能拿生命开玩笑

【导读】拿不拿生命开玩笑，关键是领导尽不尽责，是不是把安全装在心里，把措施落实到行动上，不放过任何安全隐患，把工作做到家，甚至是极致，无愧于员工。

企业的领导，应视员工为手足，为兄弟，切不可拿生命开玩笑。

你所在企业的领导，有拿员工生命开玩笑的吗？我觉得，都不是这样的。哪位领导愿意本企业出事，员工受伤，那样做会承担法律责任的。如果我们的领导陷于事故的怪圈，那会是什么样呢？我是想说，拿不拿员工生命开玩笑，不光是说在嘴上，而且要落实在行动上，给他们创造一个舒适安全环保的作业环境，那才算尽职尽责。

事实并非如此，以企业而言，时有安全事故发生，甚至给员工造成伤害，这个责任由谁来负，如果说他们拿员工生命开玩笑，似乎冤枉了他们，但由于他们的不尽责或是疏忽，结果叫事故钻了空子。什么矿难呀，空难呀，还有路难呀，时有发生。发生事故的原因，绝大多数是人为所致。如果我们光追查直接责任人，似乎有点太不近人情了，问题是发生在直接责任人身上，根子却在企业的领导的心上，由于他们没把安全生产当成大事来抓，结果给员工造成不应有的伤害，他们理应受到谴责，甚至是严厉处罚。为什么这样说，我们举几个事例。2012 年 2 月 20 日，鞍钢铸钢厂在浇铸直径 10 多米的特大铸件时，突然发生钢水的喷爆，致使 13 人死亡，17 人受伤。钢水怎么会发生爆炸呢？根据国内外同类事故调查的结果看，这次事故应该跟“水”有关，应该是一起严重的生产安全责任事故。这说明我们的管理者，安全神经麻木到极点了。钢水猛于虎，噬人不留情，若求保平安，警钟仍需长鸣。企业的管理者应从事故中吸取教训，举一反三，坚持以人为本，谁偏离这个轨道，甚至麻木不仁，事故都会找上门来，员工若摊上这样的领导那就倒大霉了。

人人好公，则天下太平；人人营私，则天下大乱。拿不拿员工生命开玩笑，关键是企业领导能否履行其职责，真正担负起第一安全责任人的使命，切实把住安全关。企业有上百上千上万员工，关键是有保护员工生命的措施和办法，麻痹大意，甚至是责任不到位，就会发生意想不到的事故。在我看来，领导者负责不负责，有时就在“一瞬间”。所谓一瞬间，是指领导者及时发布指令，或亲自察看现场或亲自督办，把安全隐患统统踩在脚下，把事故消灭于萌芽之中。给员工最大的爱，像保护自己生命那样保护员工，那才是尽职尽责的领导者。然而，我们有的领导者，之所以没把员工生命放在心上，是因为他们太自私、太追求效益，连员工的命都不管不顾了。

俗话说，严是爱，松是害。领导者的责任，既要严加管理，又要细致入微，做到精益求精，万无一失。然而，检验领导者有无水平，关键看管理能力，看是否重视员工的生命。这是极其重要的。管理者就像乐队指挥一样，具有较强的组织能力、协调能力，善于调动每个乐手的积极性，使之成为一个有机整体，演奏出生动活泼的乐曲。有些企业并非这样，个别领导管理水平欠缺，眉毛胡子一把抓，结果适得其反。安全隐患像韭菜一样，割了一茬又出来一茬。透过诸多事故案例，不管是矿难、路难还是空难，皆因管理出现问题，事故蹬鼻子上脸，酿成不该发生的重大伤亡事故。比如，短炮线放炮，结果发生崩死人事故。如果领导在放炮之前，做了仔细检查，炮线是不是短了？如果是短了，不仅要严厉批评，而且要停止放炮员的工作。因为他的过失，出现了不该出现的安全隐患。假如领导睁只眼闭只眼，默认违章作业，势必发生放炮崩人事故，这样的事例不是个案。为此，有的领导付出了沉重代价，或被撤职，或被判刑，自己又感到委屈。我觉得，领导放松规章制度一寸，员工就会放松一丈，往往事故又爱钻管理的空子。因此，对待安全隐患，应像牧人一样，扎牢篱笆，狼不会钻进羊群。所以说，管理不仅能出效益，而且也能保住员工的生命。

哪个领导会拿员工的生命开玩笑，凡有人性的，都不会这样。但是，由于自己工作的疏忽，或者说是不尽责，给员工生命造成伤害，这类的教训有很多。在企业流行着亡羊补牢口头禅，凡出了事故，大都停工停产，总结经验教训。尤其是高危行业，像煤矿或非煤矿山，是事故高发区。从煤矿来说，最大的伤亡事故，大都是瓦斯爆炸或煤与瓦斯突出以及透水事故，看看事故案例，说领导者拿员工生命开玩笑，有点言过其实，那么，到底为何发生这样的事故，一条条活生生的生命就这样消失了?！当然原因能找出许多，依我看，主要有以下几点：一是管理不到位，给事故钻了空子。放松管理，等于玩忽职守，等于拿生命开玩笑。二是生产目的不明确。生产的目的，是满足人民群众日益增长的物质与文化生活的需要，如果单纯追求利润，却不管员工死活，那就是本末倒置，理应受到社会的谴责。三是没把员工当人看，这是非常危险的，是令人所不齿的。领导者也是人，跟员工的区别，一个是管理者，一个是被管理者，只不过分工不同，没有贵贱之分。最大的责任，是保护员工生命安全。

人生应该如蜡烛一样，从顶燃到底，一直都是光明的。

在这里，我很想说，领导者保护员工的生命，实际上是在保护自己。

13

安全不是说出来的

【导读】 安全不是说出来的，而是做出来的。所谓“做”，就是付出艰辛和汗水，把安全工作做到家，精益求精，勿叫安全隐患兴风作浪，真正做到：言必信，行必果。

传说有一种小鸟儿，名叫寒号鸟。冬天来了，天气非常寒冷，鸟儿们都钻进到自己温暖的窝巢里。唯独它身上羽毛都脱落光了。夜间，它躲在石缝里，冻得浑身直哆嗦，它不停地叫着：“好冷啊，好冷啊，等到天亮了就造个窝啊！”次日，太阳出来了，温暖的阳光一照，寒号鸟又忘记了夜晚的寒冷，忘记了夜晚曾经说过的话。于是它又不停地唱着：“太阳下暖和！太阳下暖和！”寒号鸟一直没能给自己垒个窝。最后，它没能熬过寒冷的冬天，终于在一场大雪中，冻死在岩石缝里。这则寓言，举一反三，发人深省。安全也是如此，不是说出来的，而是做出来的，否则，像寒号鸟一样，下场是可悲的。

有的企业领导者，口口声声讲安全，甚至发过誓，在任期间，搞不好安全工作，自动辞职。不知何时，兴起一股空谈之风，一旦表起态来，真可谓是夸夸其谈，一定把安全工作搞上去，不出任何事故。结果话音没等落地，有人来报，矿上出事了。像这样的领导，别说听过，我也见到过，谁能管得了他呢？因为他没触动法律，上级领导又奈何不得，我们的员工，若摊上这样的领导，真够倒大霉的了。德国有句谚语：思想的巨人，往往是行动的矮子。按理说，知行本应合一，有的领导口是心非。这样的领导，大体上有这样的表现：一是夸夸其谈型。这是一种骗术，以此来蒙骗他所在企业的员工。比如，有的领导，在会议上或在文件里，口口声声说重视安全，说的比唱的还好听，实际上他怕花钱。虽然是个别的，跟着这样的领导干，真的很危险。二是寒号鸟型。安全成了"口头禅"，今天要处理安全故障，明天要消除安全隐患，光说不做，直至安全隐患兴风作浪，并酿成了事故。三是口是心非型。口号喊得震天响，行动却悄无声息。这种领导打着抓安全的幌子，实际上并不想抓安全。他所做的一切都是给上级看，搞面子工程，到头来是搬起石头砸自己的脚。四是天桥把式型。这种领导嘴上说得头头是道，怎样抓安全，怎样抓违章，怎样改善安全环境，到后来却涛声依旧，安全工作仍然没有起色。我老是在想，安全不是说出来的，而是做出来的，谁违背这个规律，将一事无成。

言必行，行必果。有的企业领导说与做脱节，甚至是说话不算数。如果表现在安全上，那可是害人不浅。有个化工企业，明知锅炉有安全隐患，却不积极处理，又没有防范措施，今天推到明天，明天推到后天，推来推去，连工人都麻木了，到后来，锅炉发生了爆炸，有关领导丢了饭碗。像这样的事例，并非个案。比如，某矿长从上任那天起，发誓治理瓦斯，当着矿工的面表过态，然而，他把精力用在生产上，上级要求“先抽后采”，他老是讲，这困难，那困难，久拖不做；对于设立避险系统，他老是说，手中没钱，结果上任没两年，因瓦斯爆炸事故被革职，究其原因，还是言未行，行未果。

现代化大生产，一旦安全出了问题，整个企业毁于一旦。看来，安全做不好，隐患就给你眼罩戴，流水线老是出事，像时钟一样停摆了，甚至是员工被机器咬了，欲速则不达，想提高劳动效率难上加难。明知道有安全隐患，却不积极处理，贻误战机，到头来是因小失大，得不偿失。为什么嘴上老挂着“安全”二字，事故却按下葫芦浮起瓢呢？在我看来，有以下几点：其一，光说不做。关键是付诸实施，哪有安全隐患，就应该及时处理，像人的身体一样，出现病情，看医生，不要等，否则，会病入膏肓。其二，做要做好。发现安全隐患，要处理掉，不能留下后遗症。否则等于没处理一样，赔了夫人又折兵。其三，修修补补。对安全隐患的处理方法，不能修修补补，否则那样做只解决一时，不能兼顾长远。我觉得，那是患了安全的“短视症”，花钱不少，劳民伤财，问题又得不到彻底解决。其四，既要说，又要做。所谓“说”，就是要把安全案例、规章制度、法律法规挂在嘴边，而且要入心、入脑，并融化到血液中去，并指导其行动。为什么产生安全隐患？在我看来，是我们员工操作不当，或不按规章制度办事或违反操作规程，还有不按客观规律办事，这些都是产生安全隐患的直接原因。所谓的行动，就是规范自己的行为，约束一言一行，不出格，不盲干瞎干，安全隐患自然会远离我们。这个道理，无须赘述。

但话又说回来，安全是做出来的。所谓“做”，是指做强“硬件”和“软件”，“硬件”是企业保证生命安全的设施和设置，而“软件”是保证各项规章制度落实的员工。如果说，硬件是保障安全的基础，那么软件则是安全的保证。即使企业安全设施再好，没有人来保证，那也是无济于事的。比如煤矿，在开采之前，采取“先抽后采”的措施，如果这个措施不落实，采场瓦斯极易升高，矿工的生命安全没有保障。而落实措施的是人，尤其是企业领导，是安全第一责任人，放弃责任由此带来意想不到的安全隐患，会出大事的。还有，企业领导要求员工把工作做到极致，尽善尽美，精益求精，本身就可以有效避免事故发生。同时，严格要求员工自律，自觉遵章守纪，训练有素，避免和减少安全隐患。

我所说的，安全不是喊出来的，言外之意，那就是做出来的。怎样做，这里面大有学问，我们应该去总结，去创造，并弄清生产与安全的辩证关系，以便做好安全工作。

让我们记住《论语》里的一句话：言必信，行必果。

14

寓教于乐话安全

【导读】寓教于乐，是安全文化的有效手段，企业广泛应用，并收到很好的效果。今后还要结合安全内容，创造新方法、新手段、新形式，力求更上一层楼。

说到寓教于乐，企业领导非常重视，开拓了很多渠道，创造了很多方法，并达成共识。所谓寓教于乐，是在娱乐之中，消化有关安全内容，提高员工安全素质，很受员工的欢迎。

有的说，安全教育这样搞，既不严肃，又不认真，成何体统。然而，事实并非如此。有的企业尝到了甜头，并把安全内容融于娱乐之中，纳入企业安全文化内容，收到了较好的效果。据了解，早在“文化大革命”前，有的企业利用这种形式，进行安全教育。比如，数来宝，说评书、猜谜语等，都注入了安全内容。通过娱乐形式，学到了规章制度。我记得，20 世纪 60 年代初，我分到北票煤矿冠山二井，有些规章制度，通过师傅的言传身带，在笑谈中传授安全知识，至今记忆犹新。几十年过去了，非但煤矿，还有其他企业，都非常重视企业文化，创造了很多生动活泼的形式，活跃了员工的生活，同时让员工潜移默化地学到了安全知识。由此说来，通过寓教于乐的形式，均能达到安全教育之目的。

说到娱乐，并不是现代人的发明，凡是有人群的地方，就有文化，比如，打夯歌、船公号子，喜闻乐见，而文化又融入娱乐内容，随着时代的变迁而变化。我们何不发展安全文化，把安全内容通过娱乐文化形式诠释出来，既能得到快乐，又能学到安全知识，一举两得。然而，有人把安全教育看成非常严肃的事情，我看大可不必，不管什么教育，并非一种渠道来传播，来教育。我觉得，寓教于乐也能承载教育的功能，比如，规章制度，看似很严肃，但通过娱乐的形式，变得很轻松，很快乐，既能将教育内容印在脑海里，又达到教育的目的。我当过矿工，我师傅是技术大拿，打矿柱有两下子。如何打矿柱？不光是言传身教，而且有一口诀：一锤轻，二锤重，柱打实，心要正……看似口诀，其实是一首歌。几十年过去了，那口诀好像仍在耳畔回荡，至今难以忘怀。如果把规章制度中的条款，用曲艺形式、歌唱形式还有影视形式，使员工耳熟能详，这样一来，既从娱乐中学到有关安全知识，又能提醒自己遵章守纪。对此，我举双手赞成。

安全教育别搞填鸭式，这种做法，照本宣科，花费时间长，令员工反感，还达不到预想的效果。我长期在煤矿生活，矿上往往利用班前会，由队长说说安全形势，或采场存在的安全隐患，安全教育很呆板，不很活泼。进入21世纪，确立了以人为本方针，安全教育显得十分重要，倘若领导失职，发生不该发生的事故，轻者，批评教育；重者，要负法律责任。于是，众多企业把安全教育纳入安全文化内容。企业毕竟是生产单位，是以出产品出效益为主，如何使安全教育内容深入人心，很费脑筋的。应该说，安全教育内容本来很枯燥很单调，员工很难接受。但是，又不能不掌握，它关系到员工的生命安全。我觉得，寓教于乐是教育的最好形式，是早已被实践所证明了的。我归纳出以下几种形式：一是标语口号式。突出本企业安全文化内容，简明扼要，言简意赅。比如，熟水性，好划船；学本领，保安全；记住山河不迷路，记住规章防事故；不懂莫逞能，事故不上门。二是安全漫画式。通过漫画，教育员工遵章守纪，这种形式，虽然制作费时，因有故事性，易打下深刻的烙印。比如，针对某个事故案例，最好以本企业为主，令人可信，又能达到举一反三作用。三是安全演讲式。针对企业安全现状，列出演讲题目，在安全会议上进行演讲，这种形式，即使广大干部职工受到安全文化熏陶，又让他们对安全生产予以高度重视。哪个领导都不愿意在安全上犯错误，并留下终生遗憾。四是影视视觉式。针对企业安全工作的正反典型，或制作幻灯片，或是拍微型电影，在大、小会议室上放映，尽管投资较大，但效果好，很吸引员工注意力。五是曲艺式。用快板书、小品、相声和评书等曲艺形式，将本企业安全生产的典型，或规章制度，对员工进行宣传教育，事半功倍。六是现身说法式。通过现身说法，剖析违章的根源，找出克服的办法。这种形式，活灵活现，深受员工欢迎。我列举了六种形式，在各企业都能找得到。实践证明，其效果要比填鸭式教育好得多。我们的领导，何不在这上面投资，既发展了安全文化，又提高员工的安全意识，很值得提倡和推广。

我觉得，最重要的是领导重视，通过寓教于乐，可以提高安全意识。我们衡量企业安全文化优劣，很大程度上要看教育的内容与形式结合，以及能否达到很好的效果。然而，寓教于乐仅是安全教育一种形式，或者是一种手段，推广开来，会结出丰硕之果。随着安全教育深入人心，寓教于乐也在花样翻新，无论在内容上还是在形式上都做了可贵的探索，大体上有以下几种：其一，利用广播和闭路电视，弘扬安全文化。把有关安全的法律法规以及规章制度制成宣传教育片，通过闭路电视进行传播，使员工在闲暇之余，受到教育。其二，利用微电影，进行安全教育。把本企业的安全生产正反典型，制成微电影，既易接受，又能达到教育之目的。其三，利用图版，剖析有关事故案例。比如，习惯性违章案例，用图版形式，让员工通过浏览，认识到违章的危害，能达到警钟长鸣的目的。其四，利用短信，群发“安全红段子”，进行安全文化教育。我觉得这种形式，简单易行，非常有吸引力。我认为，安全教育离不开寓教于乐，离不开安全文化。随着社会发展和进步，开动脑筋，探索和创造越来越多的娱乐形式，以打造先进的安全文化，提高安全意识，绷紧安全这根弦。

最后用一段顺口溜结束演讲：说安全，道安全，检查提醒莫嫌烦，你我绷紧安全弦。

15

安全生产从班组抓起

【导读】班组是企业的细胞，是最基层单位，安全生产应从班组抓起，正是抓住了根本。谁抓住了班组，谁就抓住了企业的核心，谁就抓住了安全生产的主动权。

安全生产要从班组抓起，对此，有的领导心里明白，腿打飚。为何是这样呢？在我看来，是聪明反被聪明误。多么浅显的道理，没有班组，哪来的车间站段？没有车间站段，哪来的企业？班组是企业的基础，是最基层单位，是企业的细胞。任何安全事故都发生在生产班组。所以说，抓安全生产从班组抓起不无道理。

事实并非如此，有些企业领导，喊在嘴上，却不放在心上；放在心上，却不动在手上。又想马儿跑，又想马儿不吃草，天下哪有这样的道理？明知这样做不对，又不想改正过来。主要表现有以下方面：一是安全投入没有到位。特别是小企业，更是如此。我们说，改善班组的条件，必须有投入。投入不到位，岂能提高生产力。比如，小煤窑生产条件很差，笨重的体力劳动，机械化程度低，安全没有保证。煤老板只要煤，要效益，却很少想到矿工的生命安全。所以说，小煤窑必须及早整合或被淘汰，要形成产业规模，提高生产力水平。二是对班组的侧重点出现了偏差。班组是出产品、出效益的基层单位。如果单纯抓产品、抓效益，那是愚蠢的做法，如果班组的安全出了问题，哪来的产品、效益？只有抓住了班组安全，才能取得生产的主动权。三是夯实基础没到位。什么是企业的基础，我可以肯定地说，是基层班组。班组基础薄弱，想出生产力，那是痴人说梦。试想，到处都是安全隐患，随时都有事故发生。我曾去过一些企业，凡是质量过硬、生产效率高的企业，大都是班组基础夯实得牢，装备到位，管理到位，不给安全隐患留有空间。四是班组安全文化建设不到位。有的只是说说，到底怎样抓班组安全文化建设，不是贴几条标语，喊几句口号，而是加大管理力度，如质量、安全、技术、设备以及民主管理。衡量一个企业的标准，首先考虑班组安全文化建设如何。五是员工素质不到位。安全素质极为重要，企业没有训练有素的员工，违章作业势必时有发生，很难完成生产任务。综上所述，之所以安全生产要从班组抓起，不是捕风捉影，而是有理论根据的。

安全生产从班组抓起，正是抓到了根本，抓到了问题所在。我们都知道，事故发生在生产一线，又源于生产班组，我们只有抓住班组，采取措施，积极治理，才能减少事故的发生。那么，我们怎样做好班组安全呢？通常来说，有以下几个方面：第一，坚持以人为本，牢固树立安全第一思想。往往这个问题被有些企业忽视了，顾此失彼，暂时指标、产量、效益上去了，但违章现象时有发生，安全状况仍没有好转。我觉得，应通过安全文化，开拓各种渠道，对员工进行安全教育，时刻绷紧安全生产这根弦。第二，严格规章制度，从细微的小事做起，防患于未然。凡先进班组大都从规章制度抓起，从一举一动做起。比如，中平能化集团七星公司（原平煤集团七矿）开拓四队班长白国周，抓安全隐患不放松，在仪器上、水泥板上，诸如此类的“粉笔留言”随处可见。如：“新道，绞车滚筒螺丝松了，处理后再开车”“广辉，顶板有空顶，马上处理”。久而久之，工人们也养成了到岗先找“粉笔留言”的习惯，把班长查出的隐患处理掉，再开始干其他工作。第三，在安全设施上，敢于投入，创造安全生产条件。以煤矿为例，建立井下避险系统，如临时避难硐室和移动救生舱。其他行业也应效法，根据本企业特点，加强防电、防雷、防爆等措施，给班组员工创造安全作业环境。第四，提高生产力，减少安全风险，给员工定心丸。随着科技发展，淘汰落后生产工具、生产工艺，给员工创造安全空间。比如，一些煤矿百万吨死亡率为零，除了加强安全管理外，更重要的是生产力水平提高了，购进大型采掘机械，还有采煤方法发生了变化，这些客观因素都为班组安全生产提供了条件。第五，加大安全培训力度，提高员工素质。无论是特殊工种，还是一般工种，都要进行培训，做到持证上岗，尤其是对班组长的培训。我觉得，班组长的素质，对安全生产起着不可替代的作用。俗话说，榜样的力量是无穷的。班组长带头遵章守纪，必然会带出一支特别能战斗的队伍。

之所以安全生产要从班组抓起，这是实践所证明了的。凡是优秀的企业领导，大都是把力量下在班组安全建设上，在他们看来，班组抓得好不好，直接影响安全生产。我觉得，除了上述方法外，还应大胆创新，开拓进取。比如，班组实行分类管理，可分一类班组、二类班组和三类班组，班组类别又跟安全生产挂钩，跟劳动报酬挂钩。企业的领导应分明别类，严格要求，加强指导，使后进班组迎头赶上。要加大班组管理力度，应成立班组管理处（科），实行垂直领导，这样做的好处：一是情况明，底数清。班组中到底有多少安全隐患，产生的原因又是什么？解决得如何？二是面对面指导，争先创优。对后进班组加强督促检查，对存在的问题加以克服。三是发现典型，全面推广。通过调查了解，从中发现典型，对其做法加以总结提炼，进行推广和借鉴。四是班组是企业的前沿阵地，所有的部门都要为班组服务。只有这样，班组实现安全生产才指日可待。

总而言之，企业的安全主要在班组中体现，谁抓住了班组，谁就取得安全生产的主动权。班组是持续发展的窗口，科技创新的阵地；是降本增效的前沿，是储备知识的蓄水池。

16

向质量要安全

【导读】质量里有安全，安全里有质量，二者缺一不可。谁忽视质量谁就会捅大娄子，谁把质量当回事，事故风险就会大大降低。百年大计，质量第一，永远如此。

可不可以这样说，质量跟安全是一对“孪生兄弟”？

安全问题，不那么简单，不那么孤立，是有内在联系的。然而，我们有的领导，却就安全抓安全，他们把“安全”二字挂在嘴边。但怎样抓好安全，保住员工平安无事呢，我觉得，空谈不行，必须找出安全隐患症结所在并采取措施。实际上，要实现安全生产，并不是件容易的事，不是一两句话所能说清楚的。我觉得，领导应把目光延伸到产品质量上。实际上，很多安全问题发生在产品质量上。比如，大桥的质量，直接关系到安全问题。近些年来，看到或听到桥塌人亡事故，大都是跟桥的质量有关系。

为何会产生质量问题呢？我想在回答这个问题之前，首先弄清楚什么是质量。所谓质量，是指反映实体满足规定或潜在需要能力特性的总和。通俗地讲，它是指一个物品或一项工程所要达到的内在标准和外在表现，比如，电视机所有性能达到规定标准，经久耐用，又美观大方。如果三天两头，不是没有声音，就是图像不清，这说明电视机质量太差。作为企业来说，能不能创造效益，主要看其产品质量，如果质量上不去，非但卖不出好价钱，相反还会发生不该发生的事故。电视上曝光的楼脆脆、桥断断、堤塌塌，大都是出在质量上，因为偷工减料，原材料以次充好，结果是搬起石头砸自己的脚，非但发生伤亡事故，有的领导也被送进了监狱。这样的事例，绝不是个案。

如此说来，质量与安全关系密切。没有质量，就不可能有安全。这个辩证法，我们有的领导不是不懂，而是叫“钱”蒙住了眼睛，明知故犯，坑了大家，害了自己。出现质量问题的根源，大体有以下几个方面：第一，拿生命开玩笑，根本没把质量当回事。百年大计，质量第一。第二，为了自身利益，却不顾大多数人利益，偷工减料，投机取巧。以建筑行业为例，无论是楼房、桥梁等都是层层转包，每个包工头又层层剥皮，按设计规定，成本是有数的，要想挣钱，只能在原材料上做文章，一是偷工减料，以次充好。比如，钢筋以细代粗，降低水泥标号。二是缩短工期，粗制滥造。第三，擅自修改设计，质量缩水。不按设计施工，今天改图纸，明天改工艺，到楼房竣工，图纸已变得面目全非了，没有囫囵的，可以想象，这样的工程有多大保险系数，不是有句话吗，雪埋不住孩子，迟早会露馅儿的。第四，缺乏监督，想咋干就咋干。由于监督不到位，或者说是同流合污，监理起不到作用，睁只眼闭只眼，安监部门放任自流，验收走过场，明明是不合格，偏偏给个优，结果优质工程缩水，给工程埋下隐患。那些发生质量事故的大桥、高楼大厦竟然是优质工程，令人啼笑皆非。第五，没有施工资质，肯定会出问题。比如，小包工队筑大桥，肯定会出事的。现实生活中，差不离我们都听说过，质量跟安全是密切相关的，质量不好，会埋下安全祸根。

话又说回来，质量也好，安全也罢，这都跟我们的领导有直接关系。虽然问题出在下面，但很大程度上是领导思想出了偏差。假如企业发生质量事故，首先应追究领导责任，依我看，那是绝对正确的。一是百年大计，质量第一。如果我们的领导树立了这种思想，那就不会发生质量事故，思想支配行动，我们不妨仔细分析一下，有多少质量问题，都是领导没把质量放在心上，甚至把质量当成耳旁风，直至发生问题，悔之晚矣。二是抓得不细，措施不到位。凡是“马大哈”领导，必然出质量事故。所谓“马大哈”，就是没把质量当回事，留下了安全隐患。比如，采场的矿柱，没打牢固，结果顶板来压了，矿柱承载不了，结果发生大面积冒顶事故。一棵或几棵矿柱质量不合格，事故会找上门来。三是为了既得利益，什么都不顾了。我们有的领导，在他们心目中，只有效益和金钱，却不考虑员工死活。实际上，不注重工程质量，本身就是漠视生命，这是一种犯罪行为。四是漠视规章制度。那些一味盲干瞎干，本身就是飞蛾扑火，拿生命当儿戏。质量与规章制度密不可分，违章作业，产品质量没有保障，极易发生事故，轻者，伤其身；重者，断其命。这样的例子，举不胜举。

质量里面有安全，安全里面有优质。有识的领导，不是就安全抓安全，而是通过抓质量把安全搞上去。那种只顾效益不顾质量的领导，迟早会退出历史舞台。

前事不忘，后事之师。从诸多事故案例上看，我可以下这样的断言，绝大多数事故皆因质量不到家，别说百年大计，连几年都挺不过去。在我看来，要想抓住安全，必须从质量抓起，那些不注意质量的做法，不光要被社会所淘汰，而且也会成为笑柄。为此，我奉劝有关领导，千万不能就安全抓安全，而要抓质量保安全，而且要立足于行动。我觉得，领导不要只把安全挂在嘴边，而且还应大讲质量第一，那是关系到子孙万代的大事。上至桥梁、楼房、河堤，下至工具、用具等，都涉及质量问题。出现质量问题，首先应追查领导责任，由于不尽责，或不负责，结果发生不该发生的事故。为此，我想起这样一件事，某酒楼发生大火，烧死了十几个人。起火原因是炉灶质量不合格，由于柴油泄漏，加之操作有误，一场大火毁了多少个家庭！

我想，是不是应换个口号：质量第一，安全有保证；向质量要安全，向质量要效益。抓安全，首要抓好建筑（产品）质量。那是命根子，万万疏忽不得！

17

落实安全责任制

【导读】安全责任到人，尽职尽责，分兵把口，不放过蛛丝马迹，不放走任何安全隐患，人人有事干，个个管安全，怀揣安全梦，责任大于天。

如何落实安全责任制，这个问题非常重要。尤其是领导干部，必须分清责任，各司其职，分兵把守，纠正任何违章行为，不放过任何安全隐患，真正做到安全生产。

安全责任制，是企业岗位责任制的一个组成部分，是企业中最基本的一项安全制度，也是企业安全生产、劳动保护管理制度的核心。然而，安全责任制并没有在一些企业得到真正落实，其原因有这样几条：一是认识模糊。有的企业，并没有真正落实安全责任制。由于思想有阻碍，步调不一致，仅停留在嘴上，缺乏实际行动。二是没纳入安全管理内容。换句话说，没有层层分解安全指标，责任制没有落实到人头上。如果发生事故，就会分不清责任，就可能找不出教训。三是眉毛胡子一把抓，分不清主次。有的领导，喜欢大包大揽，事无巨细，一个人说了算，结果是啥事都没做好，安全漏洞百出，事故找上门来，结果费力不小，事倍功半。四是职责不清，相互推诿，使安全生产、劳动保护工作处在无人负责、无法进行的境地，工伤事故与职业病不断发生。由此可见，抓不抓安全责任制落实，并不是小事情，而是关系到企业的安全的大问题。事实证明，凡是安全责任制落实得好的企业，企业员工就能各负其责，生产就井然有序，形成一个环环相扣的安全网，才能堵住各种漏洞，叫安全隐患无空子可钻。

企业要落实安全责任制，首先要落实第一安全责任人的责任。一般企业，大都由工厂、分厂（站段）、班组三级管理。而每一级的主要领导，就是第一安全责任人。《安全生产法》第17条规定，生产经营单位的主要负责人对本单位安全生产工作负有下列职责：①建立、健全本单位安全生产责任制；②组织制定本单位安全生产规章制度和操作规程；③保证本单位安全生产投入的有效实施；④督促、检查本单位的安全生产工作，及时消除生产安全事故隐患；⑤组织制定并实施本单位的生产安全事故应急救援预案；⑥及时、如实报告生产安全事故。我这里所说的是企业主要负责人的责任，以此类推，分厂长（主任、段长）及班组长都要有明文规定，各负其责。为何说企业第一安全责任人非常重要呢？事故教训告诉我们，凡是企业第一责任人责任不落实，肯定是事故不断。那是因为，该管的事没有管，该做的事没有做，该警惕的事没有警惕，该处理的隐患没有处理，总而言之，就是不尽责。这好比乐队的指挥一样，如果不尽责，那么所演奏的乐曲肯定是不好听的，很难达到预期目的。一旦发生事故，自然要处理安全生产第一责任人。检查一个企业的安全责任是否到位，主要看安全生产第一责任人，从对安全生产的认知程度到管理力度，从对安全设施的投入到每个员工的遵章守纪，从安全隐患的处理到防微杜渐，等等，都能看出他们的责任心、事业心以及敬业精神。我觉得，抓安全首要是抓住安全生产第一责任人，只有一级抓一级，形成一个环环相扣的安全管理网，这才叫抓住了根本。

一般来说，几乎所有的事故都发生在班组。班组是企业的细胞，又是事故发源地，所以说，班组长的责任非常重要。别小瞧班组长，他们手下有十几人或几十人，安全管理如何，决定班组安全走向，我们抓安全责任制落实，千万不能忽视班组长，他们也是第一安全责任人。比如，化工厂的维修班，倘若班组长敬业，负起安全责任，把所有的阀门都管理得井井有条，就能把任何安全隐患都排除，不至于发生有害气体泄漏事故。还比如，优秀班组长的代表白国周，之所以班里 20 多年没发生事故，就是因为他善于查找安全隐患并能及时排除，始终保持一个安全环境，真正尽到班长的安全责任。试想跟着这样的班长干，即使再苦再累也心甘情愿。所以说，抓安全责任制落实，首先要抓班组长，一是提高他们的素质，履行其职责。二是带头遵章守纪，绝对按操作规程作业。三是发现安全隐患，及时处理，不留后遗症。四是保证工程（产品）质量，避免各类事故发生。由此可见，我们抓住了班组长的责任制落实，在某种意义上讲，就是抓住了企业责任制的落实。可见落实班组长的责任是多么重要。这关系着企业安全责任制的落实，关系着企业的安全发展。

判断企业安全责任是否落实，关键看员工的安全责任落实情况。对于员工来说，履行自己的责任，正是履行班组的责任或者说是企业的责任。比如，发生的矿难、路难或空难，大都是因某些人的违章而造成的。现代化大生产，每个企业、每个车间班组都是一个密不可分的整体，如果我们的员工违规操作，等于掐断了流水线，轻者，停产；重者，发生不该发生的安全事故。当然，员工违章原因是多方面的，如何制止其违章，又需要综合治理。其一，提高员工的安全素质。首要的是培训。持证上岗，操作水平提高了，技能日臻娴熟了，不出质量事故，避免违章。其二，加大安全管理力度。这是一门科学，大有学问。安全管理上去了，违章现象减少了，企业的安全生产有了保证。安全管理的内容很多，主要是两大块，一方面是安全素质管理，落实安全责任制，提高安全意识；另一方面是对员工、对技术、对设备的管理，统称为物的管理。其三，对习惯性违章人员的管理。既要罚款，又要教育，两手都要硬，不能顾此失彼。其四，建立激励机制。应赏罚分明，对避免重大事故发生的，要给予重奖。

实践证明，要想安全生产不出事，必须落实安全生产责任制。

18

渎职就是最大的犯罪

【导读】因其渎职，而铸成大错，并追究其法律责任，罪有应得。渎职不光是失职，而且是极大的犯罪。要想做到不渎职，必须尽职尽责，把工作做到家，甘当人民公仆。

说到渎职，有的因其受到处分，或被革职，或被关进了监狱。

什么叫渎职呢？渎职是负有某种法定或约定职责的人员未能尽到职责，或在执行职责时犯了严重过失。它是国家机关工作人员在履行职责或者行使职权过程中，玩忽职守、滥用职权或者徇私舞弊，导致伤害或损失，致使国家财产、国家和人民利益遭受重大损失的行为。一些其他的应该尽其责任而没有尽职尽责的人员，也称为渎职。那么我为何要谈论这个话题？只是想告诫人们一下，我们有的领导在安全生产上，不管不顾，甚至因渎职造成重大伤亡事故，触犯了刑法，被判了刑。有人说，你是吓唬我们吧，不是的。尤其是企业第一安全责任人，应该警醒了，别拿豆包不当干粮，更不能拿安全生产当儿戏。一旦触犯了法律，必将受到制裁，这个后悔药没地方买去。

一旦安全上出了事，倘若是领导责任，自然受到处罚。有的是渎职罪或叫玩忽职守罪。我觉得，在这方面犯罪，确实有点不值得。这使我想到，要当好干部，特别是企业的一把手（包括车间主任、班组长），谁要拿安全不当回事，迟早会吃大亏的。我曾在煤矿工作过，亲眼看到有的局长、矿长或队长，皆因不尽责，引发瓦斯爆炸或顶板大冒落，而被关进了监狱或是监外执行。那时候，我总觉得他们是摊上事了，直至后来才搞明白，由于他们的失职，导致一起又一起重大伤亡事故发生，夺去十几条甚至上百条鲜活的生命，造成妻离子散，家破人亡，令人痛心疾首。他们渎职的原因，有以下几点：一是没把安全隐患当回事，司空见惯，稀里糊涂，结果事故乘虚而入。二是心里装着指标，眼里是任务，没把隐患搁在心上，直至出了事，怪自已没长前后眼。错就错在没绷紧安全那根弦。三是埋头拉车，不顾安全，直至出了事，自己受伤害，又牵连工友，屁股挨了板子，感到十分委屈。四是安全法律法规不传达，不落实，直至出了事傻了眼。说他是有意，冤枉了他，关键是他脑子里没装着“安全”二字。我觉得，这原因，那原因，归根结底是不尽责，把自己混同于普通百姓。

一般来说，渎职有以下几种。第一，玩忽职守。所谓玩忽职守，是指不认真，对待本职工作不负责。玩忽职守主要由过失构成，但也存在故意构成犯罪的情况。比如，某掘进队队长知道开凿的巷道快透煤了，要注意防范，避免瓦斯突出。然而，他既不传达，又不采取措施，结果发生瓦斯突出，当场导致几名工人身亡。看来玩忽职守，带来的危害是很大的，甚至会发生伤亡事故。尤其是企业的“一把手”，是安全生产第一责任人，倘若玩忽职守，势必产生严重后果，自然要负法律责任的。第二，滥用职权。指违反法律规定的权限和程序，滥用职权，致使公共财产、国家和人民利益遭受重大损失的行为。滥用职权表现为两种情况：一是不认真履行职务范围内的权力；二是过度运用职务范围内的权力。我这里说的是，擅自修改有关安全法律或法规，继而给公共财产、国家和人民利益带来重大损失的行为。在企业虽然这种现象很少，但越级越权都会给企业带来不应有的损失。第三，徇私舞弊。为了私人关系而用欺骗的方法做违法乱纪的事。比如，某小煤窑为了既得利益，擅自越界开采，结果发生透水事故。还有的非法开采煤矿，造成重大事故和经济损失。如果我们企业的领导，利欲熏心，贪财图利的欲望迷住了心窍，势必受到法律的制裁。

我是想说，哪个安全第一责任人都不愿意背上这个渎职罪名，因为这样做，愧对于国家和集体，愧对于广大员工。那么怎样做才能避免渎职犯罪，为保护我们的干部，做到警钟长鸣，通常采取以下办法和措施：一是把住用人关。选聘安全生产第一责任人，要坚持德才兼备方针，不能重才轻德，要选忠诚老实，真正为员工办实事，时刻把员工的安全放在心上的人。把那些弄虚作假、投机取巧、两面三刀的人挡在门外。二是把住教育关。首先提高干部素质，加强理论和业务学习，教育他们在理论上、在工作能力上提高一步。事实上，有这样一种倾向，企业仅注重业务学习，忽视政治学习。应帮助干部确立人生价值取向，给干部打预防针，别因渎职砸了饭碗，尤其在安全上，要格外上心，对重点部位要亲自抓，排除安全隐患，不给事故以可乘之机。企业党委要提醒他们，发现问题，及时纠正，预防犯罪。三是把住管理关。安全生产第一责任人，要纳入安全管理重点。所有的安全第一负责人，都应成为重点管理对象，管什么？主要是：第一，以人为本的方针是否落实。不要小瞧这四个字，它包括很多内容，最重要的是人的生命，没有比它更重要的了。第二，安全管理是否到位。一般来说，之所以发生事故，还是因为我们管理不到位，给隐患钻了空子。第三，监督检查是否到位。这一点非常重要。由于我们缺乏检查和监督，给渎职留有空间。安监部门的监督检查，必须抓住安全生产第一责任人，看看他们是否执行安全生产方针，还有对重大安全隐患的处理等，发现问题，及时指出，甚至是批评教育，以保护我们的干部。四是把住公正关。厂务公开，阳光透明，把可能发生的问题有效地控制在第一道防线之内。

严防渎职犯罪，应以预防为主。切实让我们的安全生产第一责任人不犯错误或少犯错误，这是避免事故发生的有效措施之一。

19

安全员的光荣使命

【导读】安全员，职务虽低，待遇不高，但责任大于天。哪行哪业都离不开安全监管，他们活动在生产一线，神经绷得紧紧的，承担着很大的风险和责任，是安全的“保护神”。

有人说，安全员是上管天、下管地，哪行哪业都离不开他们，是安全的“保护神”。有人问，安全员是个啥官？虽职务很低，待遇不高，但管事不少，凡涉及生命安全的事，他们都要管；凡涉及违章作业的事，他们都要过问。我曾采访过安全员，对他们有了进一步了解，他们确实很辛苦，天天活动在生产一线，神经绷得紧紧的，承担着很大的风险和责任。

一般来说，安全员分为专职和兼职。以专职而言，其肩负着以下责任：贯彻执行上级安全生产方针、法律、法规、政策和制度，负责本部门的安全管理、监督工作；安全教育培训工作；安全班组建设工作；安全宣传工作；安全生产管理制度编制；安全生产应急工作，协助开展应急演练；日常安全检查、巡查，发现问题，监督整改落实情况；消防设施管理；生产设备、安全装备、防护器材和急救器具的检查维护工作，督促教育员工合理使用劳动防护用品、用具等，以上这些责任像千斤重担压在身上，可以这样说，他们不能有任何疏忽，更不能玩忽职守，因为他们知道，工友的生命拴在自己身上，假如有个闪失，那是要承担法律责任的。尽管挣钱不多，但管事不少，使命光荣，令人敬佩。

兼职安全员是班组民主管理成员。说到班组管理，安全员是班组管理成员之一（非专职安全员），他既要工作，又要肩负安全的责任，每天都要履行职责，不能有半点疏忽，更不能有半点懈怠，始终绷紧安全生产这根弦。我觉得，兼职安全员要做好以下四件事，一是提高警惕，做好安全隐患的监督工作，发现情况，及时向班组长汇报，并积极想办法处理，绝不能让隐患演变成事故。二是把住班组安全管理关。班组安全好不好，兼职安全员负有很大的责任，不光自己要遵章守纪，还要协助班组长对违章违纪行为进行批评教育，绝不能姑息养奸，真正起到安全员责任。三是建言献策。为安全管理提出有益的意见，或出谋划策，或献计献策。兼职安全员对班组安全情况做到五要：一要了如指掌。既要完成本职工作，又要对班组安全情况有个了解，甚至要了解得非常细致，包括哪个地方是薄弱环节，哪个地方常出问题，怎样治理。二要抓住重点。哪个地方是安全重点，都采取哪些措施，都要明确。三要分兵把守，不出纰漏。要把强兵放在重要地点、重要岗位，不能有任何闪失。四要细致入微。善于捕捉那些细节，往往安全隐患藏在细节之中，谁忽视细节谁就要被隐患所愚弄。五要心中有数。不要当“马大哈”，更不能跟隐患开玩笑，那样做等于搬石头砸自己的脚。四是总结经验教训。班组安全管理，哪些地方做得好，哪些方面做得差，要善于总结经验教训，并提出改进措施。由此看来，兼职安全员并不是挂名的，更不是滥竽充数，而要融于班组安全管理之中，真正发挥作用。

安全员是员工的眼睛。我这样说，并不为过。每天都有专、兼职安全员陪伴着你，你可知道，他们的神经绷得多么紧，他们的神情又是多么专注。他们懂得，放过一个隐患，等于放跑一个敌人，会受到良心谴责。我见到一位专职安全员，专门负责煤矿采场安全的。他对我说，他在采场摸爬滚打过，知道哪里是薄弱环节，应怎样处理。比如，瓦斯浓度在什么情况下忽高忽低，应该如何预防，非但说得头头是道，而且身体力行，像采场的矿工一样，牢牢把住安全关。安全员的本领在于那双眼睛，实际上，他在注视着两个方面：一个是人，施工者是否违章了，是否按规章制度办事，这些都瞒不过他的眼睛。二个是物。所谓的物，是指工作场所或是加工生产的产品，安全隐患都出在哪里。在工作时，当局者迷，旁观者清。换句话说，在哪个方面出现差错，有什么安全隐患，安全员看得最清楚。事实上，安全隐患又都出现在物上，比如，化工厂管路泄漏有毒气体，危险源是有毒气体，而产生的根源是操作者未按规章制度操作。安全员所担负的责任，就是能够发现隐患，并采取措施，避免各类事故的发生。如果没有安全员的提醒或揭示安全隐患，那后果将是非常严重的。之所以称之为员工的眼睛，是他们能发现员工所发现不了的隐患或者是事故苗头，是他们在纠正员工错误的操作，避免一次次事故的发生，减少了国家和集体的财产损失，同时也保护员工的生命安全。

安全员是安全哨兵。说他们是哨兵，并非是形容，而是恰如其分。不是有这样一句俗语吗？不入虎穴，焉得虎子。可以理解为只有深入生产一线甚至是很关键的地方，才能发现问题。安全员出现在最危险的地方，目的是保护员工的生命安全。比如，煤矿的采场，是有瓦斯聚集的地方，他们要为员工站岗放哨，一刻也不离开那里，一旦发现瓦斯浓度升高，就立即向有关领导汇报，并采取措施。所以说，员工又称安全员是保护神。只要有员工作业的地方，不管是酷暑严寒，还是风雪天；不管是室内，还是地层深处；不管是陆地，还是海上，都有专兼职安全员的身影。倘若问他们为什么要这样，他们就会骄傲地告诉你，这就是我们神圣的使命。我们的职责，就是保护员工的生命安全。

安全员的官职虽小，但他们的使命很大。我们的岗位，离不开安全员的监督，他们时时在保护我们的安全。

安全员，伟大的名字，安全哨兵，岗位上的“保护神”！

20

莫把罚款当利器

【导读】假如把罚款当成“利器”，这也罚款，那也处罚，大可不必。因为罚款是安全管理手段之一，并非唯一手段，应与其他管理方法相结合，才会收到事半功倍的效果。

何谓利器?《尚书·说命上》曰：“若金，用汝作砺。”孔传：“铁须砺以成利器。”南朝陈徐陵《为梁贞阳侯与王太尉僧辩书》：“精兵利器，势勇雷霆。”宋朝梅尧臣《寄永兴招讨夏太尉》诗：“马烦人怠当劲虏，虽持利器安得强。”《东周列国志》第七回：“公子翚反疑鲁侯有忌轨之心，密奏鲁侯曰：‘臣闻利器入手，不可假人。’”然而，我们企业领导却把罚款当作管理“利器”，这大可不必。

诚然，罚款是管理的一种手段，但不是唯一手段。近些年来，安全管理运用罚款手段，应该说，收到了一定的效果。我采访某采煤队长，他对我说，液压支柱谁打得不合格，出现工伤，便受到重罚。但安全管理的“利器”，除了罚款就是罚款吗?这里我先声明一下，我并非反对罚款，它是一种管理手段，运用起来得心应手，谁违反规章制度哪章哪款，就给予什么额度的处罚。对此，有的领导耳熟能详，张口就来。我是想说，罚款已约定俗成，别说企业，连小学生违纪，老师都用罚款来处理。看来这个手段很实用，不学自通。某某领导对违章者说，再不改，加倍罚你，于是乎，企业内部充满了罚款的氛围，每月开支，员工都有几项罚款，都要发一顿牢骚。我是想说，莫把“利器”当法宝，久而久之，罚的次数多了，麻木了，也就不那么灵验了。

把罚款当成“利器”的利与弊各是什么？在回答这个问题之前，我想说罚款只是管理手段之一，但不能过多过滥，否则，再好的手段也会失去原有的作用。近些年来，我国企业运用罚款手段进行安全管理，好像已达成共识，颇受领导的欢迎，收到了较好的效果。

其中的利，大体有以下几种：一是安全管理的有效手段之一。用“利器”制裁违章，是符合客观规律的，因为违章是破坏内部管理，给企业造成直接或间接的损失。通过罚款来弥补企业的损失体现企业管理的效果。实践证明，罚款可以有效制止违章，尤其给企业造成财产和人身安全重大损失的，杀一儆百，起到了很好的抑制作用。二是企业管理的方法之一。比如，某绞车司机在岗睡觉，予以一定的罚款。理由是，敲响警钟，制止违章，如果不处理，就会发生绞车过卷，造成绳断人亡的事故。我曾参加过一次事故处理：由于绞车司机精力不集中，打盹睡觉，结果发生绞车钢丝绳过卷，吊罐坠下砸死了 7 个人。如果事先对上岗睡觉司机实行处罚，就有可能避免发生伤亡事故。所以企业管理，离不开罚款这一“利器”，其可有效制止违章，保证企业正常运转。三是日常管理的措施之一。比如，班组安全管理，怎样做到步调一致？对于那些违章者，必须实行考核，有违反规章制度的，予以罚款处理。

其中的弊，有以下表现：一是过滥，容易失去作用。这也罚款，那也罚款，似乎罚款成了管理的唯一手段和方法。对此，最易引起员工反感，很难起到抑制违章的作用。二是过勤，容易产生抵触情绪。“利器”虽好，不能用得勤。罚款用得太勤，相反效果不佳，这好比吃药一样，老吃一种药，其一，剂量加大了，疗效也不那么好。其二，抗药性强了，不起作用了。三是过于单调，失去疗效。比如，某个班组长，在安全管理上，仅用罚款手段，结果罚来罚去，安全状况并没有好转，达不到预期目的。四是重复，成了老一套。罚款不是万能的钥匙，有的合适，有的就不合适。条条大道通罗马，非得采用罚款吗？五是过于依赖“利器”，结果事倍功半。这好比治病一样，某种药药效不佳，可以换药嘛，直至找到合适的药方或治疗方法。

有人说，你是站着说话不腰疼，即使这样处罚，仍有安全事故发生。言外之意，遵章守纪是罚出来的，换句话说，罚款就是管理。我觉得，这样说有些偏颇，甚至违背常理。绝大多数人没有被罚款，照常遵章守纪，排除安全隐患，做到安全生产。

综上所述，罚款是安全管理方法，但不是唯一手段，必须跟其他管理方法相结合，才能达到理想的效果。第一，罚款与安全教育相结合。必须讲清罚款的目的，还要让被罚者知道为什么挨罚，怎样提高安全意识，自觉遵章守纪。有的领导简单粗暴，发现违章的，铁着面孔，必罚无疑。结果造成双方对立，甚至是顶起牛来，结成疙瘩。思想问题不解决，仍旧违章，继续罚款，最后是破罐破摔，甚至是捅了大娄子。第二，罚款与技术教育相结合。有的因技术问题，因工作不到家，而触犯作业规程，这就要补上技术课，掌握本领，不再犯同类错误。比如，对农民工必须进行岗前技术和业务培训，提高其安全素质，以适应企业发展的需要。如果我们只是单纯的罚款，既不能解决技术问题，又不能避免违章。第三，罚款与其他管理手段相结合。管理的手段，不只是罚款，还有行政手段、法制手段、经济手段、文化手段等。比如，法制手段，通过学习重大事故案例，懂得不按章办事，就会发生重大伤亡事故，是要负法律责任的。再比如，因为违章，不胜任本职工作，要调离本岗或降职处分。总之，要结合企业实际，开动脑筋，大胆创新，调理好“亲情味”“人情味”“兴趣味”，提高安全意识，真正做到安全生产。

21

“安全戴帽”好处多

【导读】所谓“安全戴帽”，就是开好班前会。像教练一样，言简意赅，抓住重点，既打“预防针”，又通报信息，做到知己知彼，打有准备之仗，力求把事故消灭在萌芽之中。

说起“安全戴帽”，可能有人不大明白，这是煤矿班组创建的安全管理制度。意思是说，每天下井前，都要召开班前会。会上班组长讲的内容，主要是井下采掘工作的安全状况，哪里发生地质变化，哪里有险情，哪里有安全隐患，是不是按作业规程作业。故矿工把它叫作“安全戴帽”。这好比部队打仗做战前动员一样，布置任务所要注意的事项，尤其是安全方面，提前下毛毛雨，敲敲警钟，以引起工人们的高度重视。煤矿是这样做的，其他企业也应如此。上岗前，班组长用很短时间，像教练一样，言简意赅，点到要害，说到点子上，给组员们提个醒，提前打“预防针”，避免或减少安全事故发生。

“安全戴帽”到底要讲些啥？因为时间有限，不能啰唆，要简明扼要；不能面面俱到，要抓住重点，对于班组长来说，是个很大难题。班组长要动脑筋，结合组员实际，搜集信息，尤其是当前安全生产存在的问题，做到“万事通”，并借助于现代信息手段，或是报刊，或是网络，或是短信、电话，获取有关安全信息。又要经过归纳、提炼，把重要信息传播出去。那么，“安全戴帽”到底讲些什么内容呢？大体有以下方面：一是上个班或其他班组新近发生的安全隐患或事故。这是组员最爱听的东西，也能引起高度重视，起到举一反三的作用。二是新近发生的事故案例，给组员以警觉，引起其高度重视。三是班组存在的倾向性问题，比如，有违章倾向，以及产品（工程）质量问题、任务问题。四是劳动纪律。有无违犯的，敢于点名批评。五是新出台的法律法规等。

如何做到内容与形式相结合，是搞好“安全戴帽”的关键。光注重内容而忽视形式，或光注重形式而忽视内容，都易产生事倍功半的效果。怎样掌握这个度，不但是个方法问题，而且也是个认识问题。“安全戴帽”既要提高员工安全意识，又要做好安全工作，把事故降到零，并把“以人为本”方针落到实处。大体有以下形式：其一，一人讲，大家听。即：班组长做中心发言人，或讲事故案例，或讲安全隐患，不管什么内容，都要有侧重点，抓住组员的心理。其二，由组员来讲，大家听。这种形式适合于现身说法，或防患未然，或制止违章，或自己违纪充当反面教员，很能教育人。其三，外请班组长。讲班组安全管理经验，互相学习，取长补短。其四，有关领导讲安全。着重对企业安全形势分析，解剖事故案例，哪些方面应该引起注意，比如，如何预防事故发生。

“安全戴帽”的方法是：第一，表扬法。对于不违章，不违纪，能从自身做起，从细微之处抓起的组员，应大力宣扬，甚至给予奖励，佩戴红花。往往班组长批评多，张口闭口就是问题。切忌把“安全戴帽”开成批评会，要以表扬为主，刺激组员们遵章守纪，严格规章制度，人人争当“安全哨”，个个争做安全标兵，形成浓厚的安全氛围。第二，警示法。所谓警示法，就是指出哪些安全隐患应该避免，哪些问题应引起高度重视，哪种问题应引以为戒。这都是班组长所要讲的。既要指出安全隐患的严重性，又要提出解决的办法和措施。比如，报警系统失灵了，瓦斯超限仍继续作业，建筑工人不佩戴安全帽施工等。对于违章，要不留情面，点中要害，提出警示，规范其行为。第三，预测法。所谓预测，即预先推测。预测法则是在生产中有可能发生这样或那样的问题，提前预测（预报），做好精神和物质准备。比如，矿井煤层变软，岩石“出汗”，还有异样气味等，这些都不是好兆头，有可能发生这样或那样的事故。一般说来，班组长有实践经验，以其阅历、经历足以对生产易出现的问题做出准确的判断，并提出警告，以便引起大家注意。所以，我们又把预测法称之为安全预报法。第四，典型引路法。企业有企业的典型，班组有班组的榜样。通过现身说法，怎样保证工程（产品）质量，怎样处理险情，组员听了可信，又受启发，一举两得，效果显著。比如，怎样自律呀，怎样拿起批评与自我批评武器，主动揭短。这种方法，虽说老套，但组员认可。做到学有目标，赶有方向，值得推广和借鉴。第五，一事一议法。先说出正、反两方面的典型事例，然后广开言路，踊跃发言，各抒已见，再经大家评点，正面的，值得发扬；负面的，点出其危害，给大家留下深刻印象。一事一议，既要选择正反两方面典型，最好结合本班组发生的问题。围绕一个问题，进行讨论，从中受益。但要注意方法，不要搞人身攻击。比如，某某违章了，帮他找原因，使其得以纠正，达到“一人讲案例，全班组受教育”的效果。这样可使“安全戴帽”活动更加丰富多彩，又能收到较好的效果。第六，他山之石法。他山之石，可以攻玉。请兄弟班组长，传经送宝，取其长，补其短。比如，某班组时有违章的，请其他班班组长介绍他们治理违章经验。再比如，有的班组安全管理差，碰手砸脚时有发生，请其他班班组长介绍他们安全管理经验。其特点是：一是外来和尚好念经。其实，就是换换口味，提高“安全戴帽”兴趣。二是取长补短，借用他山之石，治其短板，提高“安全戴帽”质量。三是吹进缕缕新风，交流“安全戴帽”经验，使之更具体，更完善，更有内容，开好“安全戴帽”班前会，提高会议质量。

班组长都要珍惜“安全戴帽”班前会时间，像教练一样，点出班组存在的安全问题或安全隐患，并提出处理意见，力求把事故消灭在萌芽之中。

22

把握安全生产主动权

【导读】要把握思路，挑战安全；把握方向，承担责任；把握机遇，安全创新；把握科技，安全发展，牢牢把握安全生产主动权，把安全隐患消灭在萌芽之中，创造安全发展的环境。

谋事在人，成事在天。应该说，抱着这种态度是管不好安全的。必须坚持“安全第一，预防为主，综合治理”方针，把安全隐患消灭在萌芽之中，否则，就像摁到水里的瓢一样还会漂上来。我觉得，要达到这个目的，就要做“把”字文章，搞好安全生产。要求我们的领导，要有创新意识，牵着安全的“鼻子”走，而不是叫安全左右你，羁绊着你，滞后于安全发展。

把握思路，挑战安全。企业领导怎样对待安全问题，假如思路不对头，把安全摆在次要位置，迟早会倒大霉的。那是因为，安全思路不清晰，迈不开步。所谓思路，是对安全工作的想法，结合本企业实际，从哪方面改革创新，使安全工作走上良性循环的轨道。思路不对头主要表现在：其一，不求进取，随大流。对安全工作没有什么想法，没有创新，也没有新路子，推着干，严重影响和制约安全发展。其二，左右观望，没有思路，没有举措，对安全工作不利，甚至阻碍安全发展。其三，不思改革，维持现状。这种思想最可怕，极易走老路，循规蹈矩。其四，反对改革，甚至抵触创新。由此看来，企业领导有没有思路，势必影响安全创新，跟不上时代脚步。所以，领导要把握思路，正视现实，立足于改革。把握思路，是指人们思考某一问题时思维活动进展的线路或轨迹。对于企业领导来说，如何把安全搞上去，关键是与时俱进，靠的是法制，是制度，是科技，使安全回归正确轨道，而不是空谈，更不是表决心或做保证，否则那样做只能是糊弄自己，关键时候会露馅的，到那时会悔之晚矣。所以说，把握思路，就是把握安全的大局、安全的走向。这是做好安全工作的前提。

把握方向，承担责任。企业的厂长或经理是安全第一责任人。所谓责任，是担负起保护员工生命安全。如果放弃了责任，或决策失误，或对重大隐患处理不及时，或应急预案缺乏科学性，一旦发生伤亡事故，都会给国家和集体财产造成重大损失，最终还会被追究法律责任。什么是安全生产责任制呢？安全生产责任制是根据我国的安全生产方针“安全第一，预防为主，综合治理”和安全生产法规建立的各级领导、职能部门、工程技术人员、岗位操作人员在劳动生产过程中对安全生产层层负责的制度。安全生产责任制是企业岗位责任制的一个组成部分，是企业中最基本的一项安全制度，也是企业安全生产、劳动保护管理制度的核心。实践证明，凡是建立、健全了安全生产责任制的企业，各级领导重视安全生产、劳动保护工作，切实贯彻执行党的安全生产、劳动保护方针、政策和国家的安全生产、劳动保护法规，在认真负责地组织生产的同时，积极采取措施，改善劳动条件，工伤事故和职业性疾病就会减少。反之，就会职责不清，相互推诿，而使安全生产、劳动保护工作无人负责，无法进行，工伤事故与职业病就会不断发生。我觉得，企业领导把握安全生产责任制，正是把握了责任，抓住了以人为本方针。然而，有些因安全生产责任制没落实，而承担法律责任的领导追悔莫及，这样的教训值得吸取。

把握机遇，安全创新。是瞻前顾后，还是看准就干；是徘徊不前，还是大胆前行，关键是看企业领导的胆识与战略眼光。有的把握机遇，敢于出手，大胆改革，有的则观望，或吃人家现成饭。实际上，企业与企业之间是有差别的，看谁敢不敢出手，那就是安全创新。我觉得，安全创新包括制度创新、管理创新、教育创新、方法创新等，通过创新，提高企业安全指数，避免或减少各类事故发生，创造一个良好的安全生产局面。比如，某个企业针对一些安全隐患，实行明码标价，挂牌攻关。我看了这则报道，都有点不敢相信，唯恐出格了。而那个企业则不然，这项安全创新取得较好的成果。这里我想说，机遇不是天上掉下来的，需要创造。首先，要解放思想，不要瞻前顾后，更不要畏首畏尾。其次，放手发动群众，挖掘广大职工的积极性和创造性，真正把职工当成企业的主人。我曾工作过的企业，有 14 项技术难题，严重影响产品质量。结果厂长想了个办法，对所有难题，张榜公布，欢迎广大职工攻关，并跟利益挂钩。结果公关榜被一抢而光，没出3个月，14道难题被攻了下来。再次，形式和内容相结合。安全创新，不光在形式上，而且重在内容，形式为内容服务。

把握科技，安全发展。在新形势下，安全科技如何实现自主创新、重点跨越、支撑安全发展，引领安全生产的未来是首要任务，也是极其艰巨和具有挑战性的工作。比如，我国煤矿百万吨死亡率大幅下降，其根本原因是把握科技，引领安全发展。比如，建立煤矿安全监测系统和矿山安全避险六大系统（监测监控系统、井下人员定位系统、井下紧急避险系统、矿井压风自救系统、矿井供水施救系统和矿井通信联络系统）。其好处是：一是科技兴安，提高了安全指数，有利于以人为本方针落实。二是科技是生产力。提高工作效率，降低劳动强度，改善劳动环境。三是解放了生产力，既符合社会化大生产要求，又提高员工收入，从而大大调动了生产者的劳动积极性。

企业领导把握安全，正是抓住了关键，掌握安全生产的主动权。

CONGYE RENYUAN BIAN

从业人员编

安全生产经典演讲集

23

学会保护自己

【导读】不拿生命开玩笑，不能违章作业。违章既对不起自己，更对不起他人。违章作业是一种无知，是亵渎生命，是一种极不文明的行为，令人唾弃。

生命在闪耀中现出绚烂，在平凡中现出真实。人生在世，历经坎坷，谁愿白白地死掉，除非遇到了天灾人祸。然而，企业里竟然有这样的人，大大咧咧，天不怕，地不怕。

劳动者既要掌握生产技能，又要创造价值；既要同大自然打交道，又要学会保护自己。然而，有的人却开规章制度的玩笑，不是被机器咬了手，就是砸了脚。个人受痛苦不算，家人跟着受牵连，提心吊胆，唯恐有个三长两短。说句实在的，谁不珍惜生命呢，每个人都会把生命看得非常重要。但是，事实并非这样。记得我刚入矿那会儿，井口发生一起瓦斯熏人事故，死的人却是瓦检员，他俩竟然钻进了木栏（危险地点）睡觉去了，结果发生这一起不该发生的事故。我举这个例子，是说有的人不把规章制度当回事，白白送命，死得轻于鸿毛，拿生命开玩笑，太不珍惜生命了。我想有以下问题，应引起高度重视。

第一，违章就是对不起自己。尽管领导三令五申，大会讲，小会说，但有些人左耳听，右耳冒，我行我素，明知山有虎，偏向虎山行，结果发生了事故，轻者，碰手碰脚；重者，搭上了性命。这样的事例，简直太多了，举不胜举。从我国企业发生的安全事故来看，绝大多数都是人为造成的。所谓人为，均是违章所致。比如，煤矿短炮线放炮，那是严重违章，是以卵击石，或者说是找死。为什么违章屡禁不止呢？大体有这样三种类型的人：一是不管不顾型。不珍爱生命，随心所欲，想咋干就咋干。二是胆大妄为型。有点天不怕，地不怕，典型的英雄主义。三是脑袋进水型。好像是不食人间烟火，啥也不懂，稀里糊涂，醉生梦死。试想，都是这样的人，企业还能完成各项生产任务吗？绝对不能。

第二，违章就是无知。所谓无知，包括以下方面：一是不了解规章制度。不学习，不按操作规程作业，明明是违章，还误以为正确。这等于盲人骑瞎马，后果可想而知。二是想当然。是指凭主观臆断，与客观事实相违，不是碰个头破血流，就是被事故吞噬了鲜活的生命。三是一知半解，似是而非。这比无知更害人。比如，酒精失火偏用水来浇，连最简单的物理常识都不懂。酒精比水轻，会浮在水面上。那么水就起不到隔绝氧气的作用，达不到灭火的目的。四是老皇历。时过境迁，还按老皇历办事，不但办不好，反而更加糟糕。我觉得，现代企业员工，要是有这样一些人，流水线就不能照常运转，生产出来的产品，别说是优质品，连合格都难，这还不算，还容易发生各类不该发生的事故。

第三，违章就是亵渎生命。所谓亵渎，就是冒犯，就是不恭敬。而违章者，就是冒犯生命，或是亵渎生命。我这样说，是有缘由的，规章制度大都是用鲜血或生命铸就的，每一条款都是用鲜血写成的。比如，采掘工作面及其他作业地点风流中瓦斯浓度达到1%时，必须停止用电钻打眼；放炮地点附近20m以内风流中瓦斯浓度达到1%时，严禁爆破。这些数据不是凭空想象，而是井下无数次瓦斯爆炸的总结。换句话说，就是用生命换来的教训，谁违章谁就是亵渎生命，这个命题没有错，恰如其分。近些年，煤矿发生瓦斯事故，绝大多数是违章作业，惨痛的教训如不吸取，便是拿生命开玩笑了。

第四，违章就是拿别人生命开玩笑。一人违章，殃及他人，某个人的失责，却酿成重大伤亡事故，死伤几人或十几人或上百人，犯下了弥天大罪，不仅会受到谴责，而且给社会留下了无法弥补的阴影。社会大生产环环相扣，一人违章，打乱企业正常工作秩序，把流水线搞个乱七八糟，经济受到损失。像这样的事例有很多，一人违章，毁了一个班组，或一个企业。自己拿生命开玩笑不算，殃及他人做何解释。拿别人生命开玩笑，是一种犯罪，应当受到社会谴责。

第五，违章是一种极不文明的行为。我这样说，不是上纲上线，而是实事求是。其理由是：一是企业文明生产，主要表现在按规章制度办事，不是胡来，更不是盲干、瞎干，而要讲究文明，讲究秩序，讲究职业道德。违章则不然，看起来是个人的行为，但好比一条鱼搅了一锅腥，打乱正常工作秩序，把个好端端的班组搞得一团糟。二是尽职尽责，担负起所要完成的任务。这好比抬木头，有一人不使劲，这木头都不会顺利地被抬起来，难以到达指定地点。三是讲究职业道德，爱岗敬业，诚实守信，办事公道，服务群众，奉献社会。不出废品、次品，质量第一，安全第一，不损害他人利益。四是守住底线，遵章守纪，不做违章的事，不做出格的事，不做损人利己的事。仔细分析，违章恰恰是不文明行为，给企业造成了一定的危害，值得注意和警惕。

我通过这五个方面着力说明一个问题，就是别拿生命开玩笑。有的人正是因为违章，甚至是习惯性违章，砸了自己饭碗，甚至殃及他人，这种做法不仅没有人性，而且越来越遭到大家的反对。违章是拿自己生命开玩笑，最终是搬起石头砸自己的脚，到那时，后悔药是没地方买的。

保护自己，珍爱生命。

24

以职业道德为先

【导读】以职业道德为先，十年树木，百年树人，造就和培养优秀员工。要干一行，爱一行，敬业爱岗，生产一流产品，做出突出业绩，这是安全发展之需要。

实际上，每一个阶级，甚至每一个行业，都有各自的道德。(恩格斯)

职业道德，是同人们的职业活动紧密联系的符合职业特点所要求的道德准则、道德情操与道德品质的总和，它既是对本职人员在职业活动中行为的要求，同时又是职业对社会所负的道德责任与义务。职业道德是指人们在职业生活中应遵循的基本道德，即一般社会道德在职业生活中的具体体现，是职业品德、职业纪律、专业胜任能力及职业责任等的总称，属于自律范围，它通过公约、守则等对职业生活中的某些方面加以规范。职业道德既是本行业人员在职业活动中的行为规范，又是行业对社会所负的道德责任和义务。对于企业员工来说，职业道德主要体现在敬业爱岗上，体现在诚实守信上，体现在职业纪律上，最后要落实在优质安全高效上。试想一个不讲究职业道德的员工，很难完成企业交给的各项任务，甚至还会出现各种差错，给企业形象抹黑。由此看来，员工的职业道德是多么重要。要讲究职业道德，首先应该知道职业道德包括的基本内容。这是基本常识，但是有些企业对此重视不够，仅停留在口头上，或者是在标语口号上，很难塑造优秀的员工。我认为，优秀企业的标志，不光是出优质产品，而且还要涌现一大批优秀员工。不是有句话吗？十年树木，百年树人。培养优秀员工是件很难很难的事情，是关系到企业成败的大问题。

实践证明，塑造员工的职业道德应从以下方面抓起：一是忠于职守，乐于奉献。所谓忠于职守，就是干一行，爱一行，兢兢业业，乐于奉献。像中国工人阶级的先锋战士——铁人王进喜，是石油战线的一面永不褪色的旗帜。之所以人们记住他的名字，是由于他有为国家献身的精神。还有当代工人杰出代表、青岛港前湾集装箱桥吊队许振超参加工作 30 多年来，以“干就干一流，争就争第一”的精神，立足本职，务实创新，干一行，爱一行，精一行。他自学成才，苦练技术，并模范地带出了“王啸飞燕”“显新穿针”“刘洋神绳”等一大批具有社会影响的“工作品牌”。二是实事求是，诚实守信。诚实守信是中华民族优秀品质，自古就有“诚者，天之道也；诚之者，人之道也”（《孟子·离娄上》）。诚实是天地之大道，天地之根本规律。追求诚信，则是做人的根本原则。企业员工也应如此，只有诚实守信的人，才能生产出让人信得过的产品。三是遵章守纪，依法行事。不遵守职业纪律，今天违章，明天违纪，岂能有道德而言，是害群之马。比如，各行业都有行规、行纪，这是优质产品的保障，如果不按操作规程作业，出了废品，甚至是毁了企业，同时也砸了自己饭碗。在某种意义上说，优质产品源于员工铁的纪律（操作、工艺）、主人翁精神，还有高超的技术水平。四是公正透明，服务社会。优质服务是职业道德所追求的最终目标，优质服务是职业生命力的延伸。近些年来，有的企业缺乏公正透明，产品以次充好，坑害了民众。这样的事例，确实不少，值得警惕。

那么，企业员工怎样做到以职业道德为先？我觉得，不能空口无凭，应有职业道德规范、职业道德纪律、职业道德奖罚条例，要把职业道德纳入员工管理教育内容，这关系到企业的名誉、企业的前途。我觉得，应从以下方面做起。

第一，明确职业道德内容，有所遵循，有所考核，有所奖罚。通常来说，职业道德有以下特点：（1）职业道德是一种职业规范，受社会普遍的认可。（2）职业道德是长期以来自然形成的。（3）职业道德没有确定形式，通常体现为观念、习惯、信念等。（4）职业道德依靠文化、内心信念和习惯，通过员工的自律实现。（5）职业道德大多没有实质的约束力和强制力。（6）职业道德的主要内容是对员工义务的要求。（7）职业道德标准多元化，代表了不同企业可能具有不同的价值观。（8）职业道德承载着企业文化和凝聚力，影响深远。

第二，职业道德是员工必备的素质。可以想象，一个不讲究职业道德的员工，很难生产合格产品，更别说是优质产品。一个人心里没有企业，没有社会，随心所欲，不为他人着想，假如企业都是这样的人，那么这样的企业迟早会被淘汰的。我们常说，某某人没素质，在某种意义上说，就是其缺乏职业道德。这样的人，不仅不能为企业争光，而且会给企业抹黑。要提高员工素质，讲究职业道德，这是一个长期工程，也是企业文化建设的重要内容。

第三，争做职业道德模范，努力实现人生价值。所谓价值观，是指一个人对周围的客观事物（包括人、事、物）的意义、重要性的总评价和总看法。一方面表现为价值取向、价值追求，凝结为一定的价值目标；另一方面表现为价值尺度和准则，成为人们判断事物有无价值及价值大小的评价标准。员工的价值决定其行为，二者是相互关联的。比如，习惯性违章，就是价值取向发生问题，他所追求的是散漫、利己，却不想着他人，是自私自利的表现。

第四，讲究职业道德就要提高职业技术水平。职业道德表现在敬业爱岗上，而敬业爱岗又在技术上体现。某某员工有良好的职业道德，皆因他钻研技术，解决关键难题，生产优质产品，为企业发展做出很大贡献。比如，吊装大王许振超，练就了“一钩准”“一钩净”“无声响操作”等绝活，用自己的行动实现了人生价值。所以说，职业道德在生产技术上体现不无道理。

“长风破浪会有时，直挂云帆济沧海”，之所以要求企业员工以道德为先，是大势所趋，是社会发展之需要。

25

放纵是祸，自律是福

【导读】放纵是祸，要克制自己。自律是福，是戒尺，是目标。要修成正果，必须有恒心，有毅力，需要长期坚持，严格要求，久而久之，必成栋梁之材。

律己先律心，惠雪能澄心。德高能垂范，身正教化人。

明眼人看了这个题目，便知我的良苦用心了。然而，有的员工不能克制自己，藐视规章制度，甚至不听劝阻，我行我素，摆出一副霸王相，看似盛气凌人，实际上是内心虚弱，但又不思过，因为自己放纵，违章操作，闯下了大祸，伤到自己，害及他人。像这样的事例，有很多很多。尽管领导一而再，再而三地说，不要放纵自己，要遵章守纪，但仍有这样的人，就是不听，我行我素，酿造了一起又一起不该发生的伤亡事故。

为何说放纵是祸？在我看来，放纵有四大害处：一是放纵本身就是无政府主义。没有规矩，不成方圆。比如，煤矿绞车司机开车睡觉，由于信号没听清，明明下行，偏偏上行，致使绞车过卷，造成车毁人亡事故。实际上，放纵自己，就是不能节制行为，一切事情都由着性子干，这样的人，不服人管，为所欲为，越过道德底线，最容易“闯红灯”，最后的下场也是可悲的。二是放纵自己，就是破坏自由。这里所说的自由，是有约束的自由，不能胡来，更不能开规章制度的玩笑。谁要是“触电”，自然逃不出惩罚。比如，某电工在换灯管时，要起大胆来，竟然不关掉电闸，结果从高处摔了下来，腰却硌在凳子上，造成高位截瘫。谁拿规章制度开玩笑，规章制度会给你个眼罩戴，轻者伤着手脚；重者夺去生命。三是放纵自己，就是等于放虎归山。现代化大生产，假如允许员工的放纵，就等于打开堤坝闸门一样，任洪水四溢，那将是什么样的结果，整条流水线玩不转了，造成停工停产，企业瘫痪了。四是放纵自己，就是亵渎规章制度，那就等于犯罪。规章制度是“内部法律”，并起着约束人的行为作用，员工若失去了约束，各种事故都会接踵而来。假如放弃规章制度，谁愿咋干就咋干，一盘散沙，那企业岂能生产合格产品，经济效益从何而来，那人身安全就失去了保障。任何企业都不会允许员工有放纵行为，那样做的本身会使机械化、电气化和信息化的企业变成一塌糊涂。假如你是厂长或老板，能允许员工的放纵吗？之所以有的企业事故不断，关键是对员工的放纵，是对规章制度的放纵，这样的企业岂能有效益而言，岂能培养出特别能战斗的队伍。由此看来，放纵是祸，这个命题没有错。

自律是福。什么是自律？是指在没有人现场监督的情况下，通过自己要求自己，变被动为主动，自觉地遵循法度，拿它来约束自己的一言一行。自律并不是让一大堆规章制度来层层地束缚自己，而是用自律的行动创造一种井然的秩序来为我们的工作和生活争取更大的自由。正因如此，有哪个企业不要求员工自律呢，其好处是：其一，强制自己，达到目标。这是避免懒散，焕发活力的手段，以期达到既定目标。比如，我对大庆人的“三老四严四个一样”内容仍然记忆犹新，其中四个一样（黑天和白天干工作一个样，坏天气和好天气干工作一个样，领导不在场和领导在场干工作一个样，没有人检查和有人检查干工作一个样）耳熟能详。我认为，这是自律目标，要强制自己实现。这就是说，自律是有目标的，不是笼统地、泛泛地讲，要追求这个目标，强制自己应该如何去做。其二，锻炼身体，锻炼个人意志。人的行为是受大脑指挥，并身体力行。说自律是锻炼人的意志，不无道理。攻克已身，叫身服我。其三，对自己负责，对社会负责。自律的目的，是对自己负责。比如，全国煤矿优秀班长白国周，他在井下发现安全隐患，用粉笔画上记号，20 多年不间断。其实他这样做，是对自己负责，同时也是对社会负责。不发生事故的本身，就是向国家交了一份满意的答卷。其四，满足个人兴趣爱好。如果说自律是一种习惯或是一种爱好的话，那么坚持自律，不仅满足个人兴趣爱好，而且还能对安全生产大有益处。其五，个人成就，有所建树。事实证明，那些有建树者，都是自律者。好多技术精英、安全能手，都是靠自律养成一种良好习惯，并在某个领域有所发明，有所创造，并成为某个行业或某个领域的引领者。

自律好处多多，那么怎样培养自律呢？第一，自律是把戒尺，量度自己而非量度他人。以企业员工而言，要养成遵章守纪习惯，首先是要求自己，而不是他人。真正做到不违章并非那么简单，有各种诱惑，能否抗得住，要经过反复锤炼，修成正果。所以说，自律是很不容易做到的，必须有恒心和毅力，才能达到目的。第二，自律是个目标，不达目的不罢休。我采访过一位绞车司机，他开了一辈子车，没在岗上睡过一次觉，没出现过一次事故。他为何能够这样，用他的话说，就是长年休班时睡好觉。他为啥能够这样，那就是心中有个目标，敬业爱岗。第三，时刻检验和修正自己。实际上，自律是快乐并痛苦着。时时在检验自己，哪些方面有欠缺，如何去克服；哪些方面该有所提高，怎样去发扬。修正自己的目标，不断提高自己，达到预期目的。我觉得，自律不是一天两天就可以练就的，而是要经过长时间痛苦的磨炼。第四，坚定目标，循序渐进。任何自律内容，既很简单，但又不好实现，比如，戒掉习惯性违章，首先要坚定目标，我能够戒掉，但很难一天两天戒掉，需要一段时间甚至是很长时间，循序渐进。良心是我们每个人心头的岗哨，它在那里值勤站岗，监视着我们别做违法的事情。我觉得，自律对每个员工来说，是意志的考验、时间的考验，需要很长时间的努力，最后到达彼岸，实现其理想。

放纵是祸，自律是福。让我们以此为座右铭，做自觉遵章守纪的模范。

26

千万不要忽视细节

【导读】做事不贪大，做人不计小。1%的错误会带来100%的失败。所以，我们不能忽视细节，天下大事，必做于细。谁忽视细节，谁就等于宽容隐患，必将受到最严厉处罚。

古人说："勿以恶小而为之，勿以善小而不为。"我觉得，这句话大有"良药苦口利于病，忠言逆耳利于行"的味道。我之所以要说，是因为忽视细节要了命。有这样一则笑话：某个动物园里，有一只袋鼠总是从它的围栏里跑出来，动物园管理员抓住它以后，把围栏加高到 3 m。第二天早晨，那只袋鼠又跑了出去，于是，关它的围栏又被加高了 3 m。第三天早晨，袋鼠又跑了出去。沮丧的管理员一下把围栏加高到了 12 m。一头被关在袋鼠隔壁的骆驼问袋鼠："你认为他们会把围栏加到多高?"袋鼠说："我想大概 30 m，除非有人把大门锁上才能阻止我。"看似一则笑话，其中折射出的问题不容忽视。袋鼠之所以能一次次跑出去，其症结并非出在围栏的高低，而在于大门没上锁这个简单的细节。这则笑话告诉我们不管做任何事情都是细节决定成败。

我听个朋友说，他额头上起了个包，去医院找到了任主任医师的朋友。那个主任医师说："小菜一碟，手到病除。"他确实没用多少时间，就处理掉了那个包包。然而，我的朋友觉得那个包还在长，用手摸摸，鼓溜溜的，钻心地疼。过后，他又找到那位主任医师，结果切开一看，发现纱布的一截线头留在里面，结果伤口发炎了。那位主任医师却在一个微不足道的小手术中丢了手艺。那么人们为何不注重细节呢？我觉得，有以下几种原因：一是忽视了事物的本质。不管是大事还是小事都是事，所不同的是有大有小，但本质是一样的。比如，违章的性质都是一样的，没有大小之分，都是对安全的亵渎，这次违章没出事故，下次违章有可能闯下大祸。既然是违章，都会给自己或他人的生命造成威胁。二是忽视小节与大节的辩证关系。俗话说，小洞不补，大洞受苦。针鼻儿大的洞，斗大的风，形象地说明了小节与大节的关系。以违章为例，那些经常违章的，没有出事，似乎觉得没有什么，但这种习惯不改，迟早会出大事的。那些工作不认真，马马虎虎，吊儿郎当的，都归于小节没做好，往往做错事者，大都是这样的人。社会上流传"小节无害论"，真的无害吗？我看不是，有必要反思一下。三是忽视小节等于破坏大节，并留下灾难之源。一个班组也好，一家企业也罢，凡是不从小节抓起的，往往都会吃大亏的。那些只抓大的隐患，忽视小的细节的做法，就会被事故钻空子。我从诸多的事故案例中看到这样一种现象，那些事故的形成，早就埋下了隐患。举个例子，我的自行车链子断了，叫修车师傅检查一下，他指着断裂处，笑笑说，你看看，此处早就断了，只不过是断得不彻底而已。如果早有警醒，及时调换，也不会出现半路断链子的事。四是忽视小节就等于放纵安全隐患。比如，某化工厂管路稍有泄漏，不知是怕麻烦，还是没把它当回事，天长日久，泄漏处阀门发生爆裂，一起不该发生的事故发生了。事故分析，如及时处理泄漏，不至于病入膏肓，酿成大事故。

人们为何不愿抓细节呢？很大原因是我们的思想出了问题。我觉得，有的企业忽视安全教育，由于没扎紧篱笆，给安全隐患提供了活动空间。其一，位置摆得不正，重生产，轻安全。即使发现了安全隐患，也不去处理，错误认为生产是第一位，安全是第二位。我爱找详细原因，查有关事故案例，不难发现，事故根源都是忽视细节所致，放纵了安全隐患。其二，认识有差距，重大轻小。有些人根本没把细节当回事，仅抓重大安全隐患，而忽视细节，结果顾此失彼，事故频发。比如，铁路道岔发生裂纹，没当回事，直至发生脱轨，才傻了眼。其三，孰轻孰重分不清。常人往往注重大的安全隐患，却忽视小的细节，这像人一样，小病不理睬，直至大病才去看医生。结果是花钱不少，受的痛苦又多，哪个多，哪个少？是不是该省悟了。其四，着眼点有问题。那些安全生产搞得好的企业，大都是着眼于细节，不放过蛛丝马迹。全国煤矿优秀班长白国周之所以二十几年无事故，在于他善于抓住细节，凡有隐患的地方，都做上记号，然后再一个个排除，创造良好的安全生产的环境。然而，有的人着眼点出了问题，没抓住细节，事故往往又出现在细节上，小河沟也会翻船的。

谁抓住了细节，谁就抓住了安全。这不是我说的，而是安全生产先进单位和安全先进个人所总结出来的经验，我们为何不去效法呢？说到抓细节，我不得不说安全管理，在某种意义上说，安全管理就是抓细节，不抓细节的安全管理，肯定不会有任何成效的。那么怎样才算抓住了细节，我觉得，有这样几个方法值得借鉴：第一，火眼金睛，发现细节。要达到火眼金睛，需要提高自身素质，打铁还得自身硬。比如，煤矿掘进工作面，放完炮后要找吊（浮矸），那些老师傅知道哪儿有吊，如何处理，确实令人佩服。第二，主动出击，查找细节。以企业来说，任何安全隐患都不是贴着标签的，需要我们认真去查找。这和我们人一样，是否有病，需要做做检查，以便对症下药。第三，大胆预见，找到细节。只有对生产相当熟悉，才能预见哪个地点、部位和环节可能出现安全隐患。要从“防大放小”转变到“抓小防大”上来，有效治理安全隐患。第四，人人参与，齐抓细节。抓安全生产，责无旁贷，人人自觉，把隐患消灭在萌芽之中。

泰山不拒细壤，故能成其高；江海不择细流，故能就其深。

27

手指口念练内功

【导读】手指口念，勤学苦练，夯实基本功。百炼成钢，锻造一批技术高手，绝活、绝技争奇斗艳，流芳百世。尤其在生产一线，通过这种方法，提高素质，培育企业精英。

所谓手指口念，手指，是指操作，或亲自实践；念或叫诵，加深心里印象，端正自已行为，修好自已。通俗地讲，就是手在操作，嘴在念着，一个动作做上十遍百遍千遍，不仅会做，且熟能生巧，精益求精。手指口念已有历史渊源，由来已久。古往今来，各行各业，都是通过这种方法，让绝技、绝招和绝活流芳百世。比如，陶瓷、锻造、刺绣、纺织等，举不胜举。具体方法有四种：

以班组长为例，应是多面手，把其专长和绝技传授给组员，使他们掌握过硬功夫，成为能工巧匠，优质安全高效地完成企业交给的各项生产任务。应该说，企业中的技术大拿、技术标兵、技术能手好多是靠手指口念培养出来的。他们像接力棒一样，又将绝招、绝技和绝活传授给他人，使其后继有人，继往开来。比如，纺织系统的陕西风轮纺织股份有限公司（原西北国棉一厂）细纱车间乙班四组“赵梦桃小组”正是靠手指口念，培养出一批优秀细纱工，19

人获省、部级技术标兵、操作能手称号。

技术能手言传身教。三人行，必有我师。生产班组拥有很多技术尖子，要请他们当老师，结成帮教对子，建立师徒关系，千方百计培养新工人。比如，原青岛码头桥吊司机许振超，练就了“一钩准”“一钩净”“无声响操作”等绝活，并模范地带出了“王啸飞燕”“显新穿针”“刘洋神绳”等一大批具有社会影响的“工作品牌”。这种方法的好处是：一是合理利用本班组技术资源，提高生产力水平。比如，某采煤队液压支架技术能手，他指着液压支架做着示范，手里干着，嘴里念着，反复多次，花费时间少，一举多得。二是随时随地传授。其好处是简单方便，易学易懂。三是结合本岗实际，直接应用到实际工作中，使技术能手或先进操作法像滚雪球一样传播开来。四是带出一批技术能手，有利于“十年树木，百年树人”。

独自练习，提高技艺。大多数绝技都源于内功。其好处有三：一是专心致志。在家练或在单位练均可，既不影响他人，又能一门心思苦练。曾记得，当代英雄欧阳海，白天练、夜间练、蒙着眼睛练，苦练打锤本领，一气打了二百八十下大锤。二是坚持不懈。我认识一个年轻刨工，他给绞车刨键。这个活儿，难度很大，尺寸大了，放不进槽里；小了，不起作用。往往绞车检修，时间紧，任务重，没两下子，是揽不了这瓷器活儿的。他勤学苦练，练校尺寸，经过多次训练，终于成了刨键能手。三是永不言败。常言道，神枪手是子弹喂出来的。优秀体操运动员，也是百炼成钢。失败是成功之母。若想取得成功，就不怕失败，善于总结经验教训。可想而知，那些技术大拿，不知付出了多少心血和汗水。

他山借石。外请技术能手或专家，手把手地教，待功成名就，再由他教他人，采取滚雪球方式，带出一批技术尖子。这种方法很值得效法，这也是培养技术人才的有效途径。其好处是：万变不离其宗，手指口念。

企业的自动化、电气化、信息化，并不等于废除手指口念。有人对手指口念产生了误解，以为形势发展变化了，这种方法是老掉牙了，过于陈旧了，言外之意，就是过时了。事实证明，并非如此。其理由如下。

第一，手指口念是提高组员素质的有效方法之一。驾驭现代化企业，是需要那些有责任心、懂技术和心系安全的人。职工素质从何处而来，不是从天上掉下来的，更不是自己头脑所固有的，而是从生产实践中来的。手指口念就是其中的方法之一。比如，数控车床，只要给上命令，就能得到所要的零部件。然而，往往有人犯了低级错误，命令给错了，零件也就报废了。按说，操作工要文化有文化，要技术有技术，年轻有为，头脑好使，那么，问题出在哪里？主要是心手不合一，不同步，出现问题在所难免。职工素质从何而来，练硬功，身怀绝技；抠细节，从细微之处做起；不失误，成功率百分之百。看来，提高组员素质，离不开手指口念。

第二，手指口念有助于夯牢基本功。检验操作工技术水平如何，不光看平时，还要看关键时候是否临危不惧，沉着冷静，并能做出惊人之举。比如，杭州长运集团司机吴斌驾驶从无锡开往杭州的大客车，在途经沪宜高速公路时，突然有一铁块从空中飞来击碎车辆前挡风玻璃，再砸向吴斌的腹部和手臂，导致吴斌肝脏破裂及肋骨多处骨折，肺、肠挫伤。在危急关头，吴斌强忍剧痛将车辆缓缓停下，拉上手刹、开启双闪灯，完成一系列完整的安全停车措施，并告知车上旅客注意安全，然后打开车门，安全疏散车上的24位旅客。吴斌的可贵之处，就是在危险来临之时，能做出一般人所做不出的规范动作，其扎实的基本功，源于他的手指口念。练就基本功，不知流了多少汗水，付出多少艰辛，水到渠成，关键时刻不掉链子，甚至转危为安，化险为夷。可见，手指口念是夯实基本功的有效方法之一。

第三，驾驭高科技离不开手指口念。企业的高科技，并不等于废除手指口念。个中原因有三：一是高科技是由人发明创造的。二是高科技又是由人来驾驭的。三是高科技的失误损失极其惨重。以航天员刘旺为例，之所以神九和天宫成功手工交会对接，没有1 500次训练，不可能获得如此的科技成果。越是高科技，越要手指口念，不厌其烦，反复训练，精益求精，做到万无一失。手指口念并非可有可无，在科技发达的今天，仍有用这种方法培养精英的。航天员刘旺成功对神九天宫手控交会对接，其误差小于自动。之所以取得这样骄人成绩，是有在地面的1 500次对接训练。看来很有提倡这种方法之必要。

第四，手指口念是培养精兵强将之路。组员要做到应知应会，最便捷最行之有效的方法之一就是手指口念。有很多技术能手大都经过这样的培养和锻炼。比如，原北票煤矿冠山矿四二二采煤队马士俊，是打矿柱能手。手把手教徒弟，他手指矿柱，嘴里念着“打柱经”：头锤轻，二锤重，柱打实，心要正……徒弟经过严格训练，矿柱打得实，个个能拉得出，打得赢，保证采场不冒顶，组员生命有保障。班组长能否带出精兵关键是否能坚持手指口念，加强实地训练，培养出一支无坚不摧的队伍，承担高精尖的任务，且能做到高效安全。

既然手指口念方法如此重要，应引起企业的高度重视。一要总结经验教训，取长补短。哪些方面应发扬光大，哪些方面应加以改进。二要他山借石，不断修改、完善，以达到系统化、科学化。三要创新、推广。创新利于手指口念，利于事半功倍，利于全面推广。总之，手指口念应纳入岗位培训方法，应该将其视作提高员工素质的重要手段，万万不可失传。

28

规章制度也是法

【导读】漠视规章制度，就是漠视企业“内部法律”；亵渎规章制度，也是一种犯罪。执行规范规章制度，并维护其权威性，保护劳动者生命安全，是安全管理的重要内容。

国有国法，家有家规，所有的企业都应该有一套完备的规章制度。

什么是企业规章制度？是指由企业有权部门制定的以书面形式表达的并以一定方式公示的非针对个别事物的处理的规范总称。首先，规章制度必须出自企业有权部门，或经其审查批准。其次，规章制度必须按照企业内部规定的程序制作，如果法律对企业规章制度的制定又规定了特定的程序，必须遵守程序。再次，向劳动者公示。一般称规章制度为企业“内部法律”，正是这些“内部法律”规范员工的行为，以进行有序的生产。换句话说，没有规章制度，企业便无章可循，就成了一盘散沙，其后果是很严重的。企业就会瘫痪，就会发生各类事故，很难生产合格的产品。由此可见，不遵守规章制度，那将是什么样的情景。

为什么说规章制度是“法”？如果这个问题搞不清楚，那么员工很难守法。为此，我从三个方面进行阐述。

第一，规章制度具有权威性。规章制度不是天上掉下来的，更不是生搬硬套而来，而是根据企业内部安全生产的需要，由权威部门制定出来的。比如，煤矿规章制度对瓦斯浓度多少不许作业，都做出了明确规定，谁违反了这些规定或条款，不但是违法，而且还会产生难以预测的后果。我国煤矿发生的重大伤亡事故，应该说大都是违章作业，实际上就是违法。如果我们不把规章制度视为内部法律，员工会滋生更大的随意性，那么安全事故就会成倍增加，别说企业创造效益，连事故都处理不完。假如我们没有这样的认识，那么企业就将是无序生产，后果是可想而知的。

第二，规章制度具有规范性。所谓规范性的规章制度一般是由行政机关发布的对某一领域范围内具有普遍约束力的准立法行为。比如，《中华人民共和国安全生产法》是很有约束力的，规范企业生产，怎样保护劳动者生命安全，并对玩忽职守、亵渎规章制度行为予以惩罚。还比如，国家安全生产监督管理总局下发的《煤矿矿长保护矿工生命安全七条规定》，不仅具有规范性，而且还有强制性，必须无条件执行。

第三，规章制度具有实践性。有人这样形容，规章制度是血的经验总结，虽说有人不认同，但我觉得有一定道理。比如，煤矿内部有些规章制度，大都是从诸多事故案例吸取的经验教训。打个比方，井下掘进工作面放炮的长度，都有具体规定。那是经过实践证明了的、被矿工所认可的规矩，谁违反了必然受到严厉的惩罚。我在煤矿工作过，深有体会，那些规章制度是佛爷的眼珠——动不得。

第四，规章制度具有操作性。比如，作业规程或操作规程，告诉员工怎样做是对的，怎样做是错的，每条每款都比较详细，很利于员工操作。换句话说，有了这些规定，只要按其要求去做，就不会发生伤亡事故。

综上所述，规章制度是“内部法律”，不是吓唬人的，而是有理有据的，值得效法和遵循。

既然规章制度是内部法律，企业的员工就应该无条件地执行，否则，企业就会处于无政府状态，生产无序，各自为政，根本不能有效地组织生产。尤其是现代化企业，规章制度则是管理的手段，又是企业的文化，具有举足轻重的地位和作用。为此，员工应从以下四个方面遵章守纪。

一是所有员工都要自觉地遵守规章制度。制定规章制度的目的是保障企业正常有序的生产，保证设备正常运转，是对员工的规范和约束。任何企业离开规章制度都是玩不转的，企业也不可能没有规章制度。规章制度包括很多内容，比如，劳动纪律、职业道德、操作和作业规程、质量标准、安全标准、安全文化等，都是用来约束和规范员工行为的，员工必须自觉遵守，这是企业创优质安全高效的前提条件。

二是所有员工都要维护规章制度的权威性。规章制度是企业的“内部法律”，就有其严肃性、权威性，这是不容亵渎的，更不允许违犯。实践证明，哪个企业严格规章制度，哪个企业就既能出优质产品，又能涌现优秀人才。俗话说，严师出高徒，说的是严格训练、严格要求，既可以保证规格质量，又能创造经济效益。从以往发生的一些重大伤亡事故来看，均是违章所致。所谓违章，就是不按规章制度办事或违法处理事情。比如，有的煤矿越界开采，这是大忌，有的矿主不顾国法，结果引发透水事故发生。在某种意义上，规章制度也是铁律，是不能被破坏的，对违反规章制度的，按照规定根据情节轻重给予相应的处罚，以维护规章制度的权威性。

三是所有员工必须按规章制度办事。检验员工合格与否，一看掌握的生产技能如何，二看是否遵章守纪。如果不按规章制度办事，甚至是经常违章违纪，这样的员工迟早会被淘汰的。我觉得，企业领导首先要做好自己，用自己的模范行动或行为影响或带动所属员工，带出一支过硬的队伍。那么这支队伍，就能拉得动，打得赢，特别能战斗。

四是所有企业员工都不能违背承诺，决不允许违章现象存在。应该说，每一次违章，都会给自己或他人造成伤害，都是给企业带来安全隐患。检验一支队伍过硬不过硬，既要看技术水平，又要看遵章守纪情况。比如，某煤矿百万吨煤炭死亡率为零，我从中可以想象到，他们的员工是怎样遵守规章制度的，企业又是怎样培育一大批训练有素的员工的。在我看来，一是抓培训。二是抓传帮带，三是自律。只有这样，才能把规章制度当成“护身符”“安全锁”，切实保护好自己。规章制度的目的不是废除或限制自由，而是保护和扩大自由。

29

安全无小事

【导读】 千丈之堤，以蝼蚁之穴溃；百尺之室，以突隙之烟焚。往往大的事故，是由小的隐患所致。要做到安全生产，必须从小事做起，精益求精，让事故无隙可袭。

过马路，绿灯行，红灯停。不能横穿，更不能跨过护栏。

我曾看到这样的一幕：有个小伙子，竟翻越护栏。正巧，驶过一辆车，将他撞飞了，路面上留下了一摊血迹。其实，过马路，这事真的不大，但若是违章了，那就丢了性命。我说的事例，事并不大，但这是关系到安全的事，没有大与小之分，即使比芝麻粒还小，都会酿成一起重大伤亡事故。我说到此，可能有人嘀咕不已，不就是跨越护栏吗？他是点儿背。我曾闯过红灯，也翻过护栏，都没出过什么事，你别老拿安全说事。真的如此吗？

我长期在厂矿工作，曾亲身看到或听到一些事故案例。比如，矿井巷道打上木栏的，并做上“×”标记，意思是说，此地危险，不能随意进去。有两个瓦检员，竟然打开木栏，钻进去睡觉，结果被瓦斯给熏死了。按说钻木栏，事并不大，但若跟安全沾上边，那就不是小事，是人命关天的大事。

为什么说安全无小事？我从以下方面阐述一下，或许能透彻明白。

第一，凡涉及安全上的事，没有轻与重、大与小之分。从诸多的事故案例来看，应该说，起因都不是大事，或看起来微不足道的小事，然而，却发生了大事故，甚至牺牲了很多人。比如，井下放炮，设警戒人。警戒人却没把这当回事，竟然把人放了进去。谁知炮响了，进去的那个人被崩死了。按说，放进个人，算什么大事。但他违章了，不该放人他放人，结果发生不该发生的事故。所以说，凡是涉及安全方面的事，没有大与小、轻与重之分，这就是我常说的，安全无小事。

第二，凡涉及违章的事，都是属于安全的事。违章的事，不管大与小，都要受到处罚。比如，客车司机在加油站加油，其中有个人叼着烟卷走出客车，被大家狠狠地骂了一顿：“你是找死咋的，一旦汽油遇上火，那后果不堪设想!”抽支烟是大事吗？不是。但这个人抽烟的地点不对，在“禁止烟火”的地方抽烟，没治他罪算是便宜了他。在我看来，差不多所有违章的事，都是小事，往往这些小事却酿成大事故。

第三，凡不守规矩，都会酿成事故。国有国法，厂有厂规，谁触犯了都要负法律责任。比如，绞车司机操车时睡觉，结果造成绞车过卷，车（罐）毁人亡。那个司机自然受到处理。

综上所述，安全无小事，并不是说说而已，而是应该慎之又慎，稍有疏忽，就会造成严重后果。

既然明白这个道理，就得以身作则，千万不能触“电”，守住阵地，做好自己。怎样算是做好自己呢？我觉得应该从以下方面做起。

一是自律。凡违章的事，都不能做，要抵得住各种诱惑。实际上，自律是一件很难的事，如果我们的员工做到自律，那么安全事故会避免或减少很多，就能创造一个安全和谐的作业环境。其一，要有恒心。思想支配行动，只要思想坚定，拒绝一切诱惑，就能杜绝违章。其二，要有毅力。毅力，是一种“心理忍耐力”，又是做好安全生产的“持久力”。其实，遵章守纪与违章违纪，看起来是一字之差，但真正做到，并不容易。应从小事做起，持久坚持，并养成一种良好的习惯。其三，要身体力行。说到做到，不放空炮。其四，每天都要反省自己。每天都要过电影，是否做到遵章守纪，存在着哪些差距。

二是精益求精。要想不违章，必须把事情做到极致。有些违章，并非都是主观原因，因为技术不精，产生差错，既出了废品、次品，又出现了违章。实践证明，那些技术高超，又有专长的，大都能把每件事做到精致。所谓精致，就是精巧细致，完美无缺，找不出破绽。我的师傅马士俊是技术能手，做了一辈子矿工，没伤着过，没摊上过事故。用他的话说，就是把事情做得好上加好。比如，他打柱子，没有质量不合格的，并总结出“打柱经”。由此可见，在安全生产上，都要精益求精，否则，做错任何事情都会招惹事故。

三是从小事做起。在生活和工作中，有很多利于保护自己的小事。比如，电工穿一双绝缘鞋，是为了不在带电操作时产生触电危险；建筑工人系好安全带，是在高处作业时拴上了一条生命线；矿工戴好安全帽，就不怕矸石和煤块砸着自己的脑袋；汽车司机，每每出车前，都要检查车况，以保障安全驾驶。

四是不做出格的事。我所说的出格，就是不守规矩，不按规章制度办事。实际上，违章与不违章仅是一纸之隔，但往往又是体现在具体小事上，汽车司机不能穿拖鞋上路，喝酒了不能开车；过道口货车司机必须瞭望；进加油站不能抽烟等。这些看起来是鸡毛蒜皮的小事，但不按规矩办，那就是出格了，就是违纪了，甚至会摊上大事。

五是别由着性子，要保护自己。不管是做什么工作的，都有操作规程，或者说是操作方法，不能说你想咋干就咋干，坏了规矩，出了事故，非但保不了自己，相反叫机器咬一口。比如，有个留着大辫子的女车工，领导叫她把辫子剪了，她不干，后来因没戴好帽子，辫子下来了，被绞到卡盘上，差点儿丢了性命。事后，她非常懊恼，怨自己没守规矩。应该说，每一条生命，都是天地之灵魂，万物之精华。生命之歌，因安全而激越；生命之树，因安全而常青；生命之光，因安全而璀璨。人生就像弈棋，一步失误，全盘皆输。

让我们时刻牢记：安全无小事，责任大于天。安全之树常青。

30

应知应会基本功

【导读】应知应会，是日常工作最起码的条件，是掌握高超技艺的基础，是衡量岗位工素质与基本功的标尺。实践证明，正是应知应会，铸就能工巧匠，打造企业名牌。

俗话说，干啥吆喝啥，假如汽车司机不识路标，安全员不懂规章制度，工程技术人员不会看图纸，烧锅炉的不识气压表等，有太多太多的“不会”，假如每个班组有三分之一是这样的人，那么这样的班组，还能完成安全生产任务吗？所以说，岗位工也好，普通工人也罢，都应做到应知应会，各司其职，这是做好工作的起码条件。

说应知应会是岗位工基本素质，并不为过。因为素质包括生产技能、操作（作业）规程以及驾驭各种劳动工具的能力等。衡量其素质如何，首先是看他（她）是不是应知应会。我们常说，某某岗位工素质不高，或者说班组素质较低，一般是指文化水平以及驾驭本职工作的能力，还有是否对有关法律法规应知应会，是否遵章守纪等等，这些都是素质的范畴。说到底，岗位工的基本素质还是应知应会，可见应知应会是多么重要。

试想一个不会游泳的人，一头扎进水里，会有什么结果呢？如果我们生产班组的组员，连本职工作都不会干，作业规程都不懂得，有关安全标识都看不明白，那么，这样的组员不仅完不成任务，而且还会出事的。班组每一个成员，不但要掌握和驾驭手中的劳动工具，生产符合质量要求的产品，还要了解或懂得有关法律法规，否则，拿不起，放不下，似是而非，又不懂装懂，那就很难保证其人身安全。在某种意义上说，应知应会跟安全生产成正比，现代化大生产更是如此。应知应会的内容很多，又急需掌握和驾驭，并不是件简单的事情，要做到安全生产，应做到以下几点：一是加强安全教育，提高安全防范能力。通过“安全戴帽”或业务培训，提高技术水平和业务能力。二是坚持自学，或向他人学习，做到应知应会，胜任本职工作。三是提供学习条件，或办夜校（网上夜校），搞大比武、技术练兵、安全知识测验等，以适应安全发展的需要，做到不违章，不违纪，做好安全生产。

能工巧匠不是与生俱来的，而是像万丈高楼一样，一层一层地垒起来。要成为能工巧匠，通常有这样几个条件：一是夯实基本功。所说的基本功，就是从应知应会做起，像以往的学徒工一样，从一点一滴做起，从一招一式练起，由浅入深，循序渐进，步步登高。二是精益求精。不管来厂早晚，只要对某项技术有研究，就能做出成绩。比如，普通工人许振超，由于刻苦学习，勇于攻关，最后成为桥吊专家。三是坚持不懈，水到渠成。有很多能工巧匠，并非一日之功造就的，而是经过多年的探索打磨，甚至是无数次失败，最后修成正果。由此说来，只有做到应知应会，才是通往能工巧匠的必由之路。一锹挖不出一眼井，一口吃不下一个馒头，凡成功者都是百炼成钢，炉火纯青。

不登高山，不知天之大也；不临深谷，不知地之厚也。要做到应知应会，首先应严把入口关。对重点岗位工要优中选优，应该选训练有术的，掌握一定生产技能的，做到拉得出，开得动，打得赢，特别能战斗。企业要把岗位培训摆到重要位置，对于重点岗位、重点工种，坚持持证上岗。但是，往往有的企业考评不认真、不严肃，甚至出现“花钱买证”的现象，名义上有了上岗证，实际上是遮人耳目，聋子的耳朵——摆设罢了。于是乎，在关键岗位上出现了一批“假李逵”、“假洋鬼子”，一旦发生险情，他们束手无策，非但排除不了故障，相反却“助纣为虐”，成了罪魁祸首。考试有两种，一是理论考试，一是实践操作。两者都很重要。但从实践第一的观点看，实践更为重要。现在有一种倾向，往往是重视理论考试，忽视实践测试，那是不对的。比如，射击理论背得滚瓜烂熟，但未必能培养出神枪手。神枪手是用子弹培养出来的。严格考试，应重视实践考试。再比如，矿山需要两名绞车司机，经过培训，有几人达到要求，关键是看其实际操车技术如何。实际考试，考的是责任心，是不是细致入微，是不是头脑反应灵活，遇到突发情况如何排除，其中的学问，就是把自己置于“安全哨兵”的地位。所谓严格，是指严格考试科目，严格考试纪律，严格评判，只有这样，才能使组员真正做到应知应会，并做到拿得起，放得下，挑大梁，岗位做能手，生产是尖兵，安全做模范。同时，班组应涌现更多的工人技师或高级技师，企业应为他们成才创造条件，提高组员的素质，以便承担更艰巨的生产任务。三是岗位培训。没有文化的军队是愚蠢的军队，而愚蠢的军队是不能战胜敌人的。看来培训是相当重要的。人不是生而知之，而是学而知之。不经过培训，很难胜任本岗工作。如今，岗位培训方兴未艾，各企业非常重视，力求使员工掌握新工艺、新技术，驾驭新设备。培训种类繁多，有脱产培训，送大专院校深造，有岗位练兵，不管哪种形式，都是一个目的，就是做到应知应会，这是岗位工的起码条件。对于班组来说，最好的培训，是岗位练兵或师傅带徒弟，在实践中增长才干，承担“急、难、险、重”任务。有条件的班组，应创造条件，培训组员，使其茁壮成长，担当重任，提高生产效率。实际上，班组本身就是“训练场”，通过言传身带，或手把手地教，熟练本岗工作，放飞更多的技术能手。四是刺激鼓励。光喊应知应会不行，必须拿出具体措施和办法，刺激组员学技术的积极性和创造性。那么怎样刺激呢？评选技术能手，对有突出贡献的，物质上有实惠，精神上受鼓励。从生产一线工人选拔干部，充实到机关科室或选调其他班组做班组长。淘汰制。对不钻研技术，不能胜任本职工作，经常出现质量差错和安全问题，可以调离本班组。树立应知应会先进典型，大张旗鼓宣传，其目的是形成一个“应知应会”氛围，掀起一个比学赶帮超的学习热潮。

郑板桥有句话说得好，咬定青山不放松，立根原在破岩中。千磨万击还坚韧，任尔东西南北风。

31

点亮一盏安全灯

【导读】 做好自己，就是不违章违纪，工作扎实到位；坚持修正自己，改正缺点，不怕失败，勇于探索；坚持塑造自己，标准要高，对己要严，永远点亮一盏“安全灯”。

我曾经在“四块石头夹块肉”的坑道里摸爬滚打过，曾经在那样艰苦的环境锤炼过，要想高高兴兴下井，平平安安升井，就得点亮一盏“安全灯”。那盏“安全灯”就是做好自己。

所谓做好自己，就是点亮“安全灯”，谁做得更扎实更到位，谁的灯就越发明亮。

假如我是企业班组的工人，首要的是应知应会，才能融入“合唱团”。其次是遵章守纪，不要偏离既定的轨道，不会被机器咬到手，不会被电击着身体，不会将汽车开进沟里，不会被矸石砸着，不会被毒气熏着，或许还有更多个“不会”，说到这里，我顿时眼睛明亮起来，仿佛眼前出现一盏灯——一盏“安全灯”。然而，真正做好自己，并非那么简单，那么轻而易举，而是需要经过长期的努力，百炼成钢。这里我想补充一句，光有信心是不够的，需要踏踏实实去做，时间会检验你走过的道路，会验证你所做的一切，检验你是怎样点亮那盏“安全灯”的。企业一线工人是物质成果的创造者，但成果来之不易，面临很多困难，甚至是艰难险阻。比如，我们煤矿工人，每生产一吨煤炭，都要付出很大的努力，瓦斯、顶板、水、火等自然灾害像拦路虎一样，挡住去路，怎样才能闯关夺隘，点亮心中那盏灯，我想到这样一个问题，没有本事，能保护自己吗？然而，本事不是从天上掉下来的，更不是人的头脑所固有的，需要从以下几个方面修炼。

一是做好自己。通常来说，有以下几个方面：其一，遵守规章制度。不管是任何人，都应该遵守所在行业的规矩，这是起码常识。有的企业技术含量高，对工人更加严格，工人或因精力不集中，或一时的疏忽大意，违章了，触“电”了，都会发生不该发生的安全事故，给企业造成很大的损失。这就要求工人无条件遵章守纪，那是“铁律”，那是一盏“安全灯”。其二，精益求精，确保优质安全高效。要做到精益求精，必须严格按作业或操作规程办事，如果三心二意，不仅生产不出来优质产品，而且生命安全受到威胁。因为优质、安全、高效三者是相互联系在一起的，有一个环节出现差错，都会取得相反的效果。比如，中国石油辽河油田公司采油高级技师，全国五一劳动奖章、中华技能大奖获得者，“油井女杰”束滨霞，人们常常用“手到病除”来形容医生医术的高明，如今，这个词用在束滨霞身上是名副其实。大家说，每当油井遇到生产不正常的难题时，只要她到井站用耳一听、用眼一看、用手一摸、用鼻子一闻，很快就能找到问题所在并加以解决，从而保证油井的正常生产。其三，高度自觉。凡安全标兵、劳动模范自觉性都高，领导在与不在都能守住规矩，严格要求自己，从不胡来，做到一丝一毫不走样。

二是修正自己。人无完人，若出了毛病，应觉察得到，不要固执己见，要加以改正，这是难能可贵的。劳动模范也好，安全标兵也罢，之所以做出不平凡的业绩，是他们不断修正自己，提高遵章守纪的自觉性，不断地完善自己。不怕失败，勇于探索。比如，我的师傅马士俊，是全国劳动模范，是矿上有名的打柱大王。我曾问过他，技艺从何而来，他告诉我，经过多次失败，不断摸索，终于掌握了打柱本领，至今，他的“打柱经”仍在我耳畔回荡：头锤轻，二锤重，柱打实，心要正……要善于总结经验教训。人非生而知之者，孰能无惑？有了疑难问题不怕，怕的是不善于总结。这好比仪表一样，用到一定时间需要修正。虚怀若谷，善于听取他人意见，汲取营养，不断修正自己，这样的人才会大有长进。比如，许振超、白国周等都是这样的人，他们之所以能建功立业，关键是有强烈的责任心，时刻总结经验，修正自己。

三是塑造自己。我觉得个人形象塑造，应从以下七个方面做起：第一，要严守信用。和别人约定好或者答应别人的事情，一定要守信用，否则就不要答应人家。第二，要亲切，充满人情味。即使面对陌生人，在任何事情上，都要以礼相待，不能自视高人一等，更不能盛气凌人。第三，要有强烈的正义感。对就是对、错就是错，不要人云亦云。第四，做事要光明磊落，襟怀坦荡，堂堂正正，决不以卑鄙、狡猾的手段来达到自己不可告人的目的。第五，背后不要讲别人的坏话。背后议论人，说别人的坏话，只能损坏自己的形象。第六，听取别人的意见时要有耐心。能够耐心地听取别人的见解，客观地、谦逊地表示自己的意见，不要固执己见。第七，要乐于助人。当别人需要你的帮助时，只要不非分，就要不假思索地答应，并尽力而为，如果实在无能为力时，也应直说缘由以得到人家的理解。

我是不是扯远了，跑题了？不是的。那些遵章守纪的人，不是天天在做好自己吗？不是天天在塑造自己吗？所谓的塑造，就是从思想上、行动上，严格要求自己，坚持好的，改正错的，完善自己。只有这样，我们才会点亮一盏“安全灯”，不仅照亮自己，而且也会照亮他人，这是多么美好的事情。在人生舞台上，自己永远是主角，演出生动活泼的话剧来。

不违章违纪，不胡作非为，心里那盏“安全灯”，永远照亮你的前程。

32

学会在反思中成长

【导读】反思是一种境界，一种进步。然而，反思又是在检讨自己，修正错误。要经常反思自己，查找不足，加以克服，养成良好习惯，不断战胜自己，保护自己。

曾子曰："吾日三省吾身，为人谋而不忠乎？与朋友交而不信乎？传不习乎？"（《论语·学而》）意思是说，我每天都要做多次自我检讨：为主人出谋献计做到忠心不二了吗？与朋友交往合作做到诚信了吗？老师所传授的东西经常温习了吗？我们的工人也应如此。每天从事生产活动，难免出现这样或那样的差错，甚至不该出现的安全隐患出现了。关键是总结经验教训，进行反思，这有利于员工的快速成长。

反思，就是过电影，就是查找不足，就是跟自己过不去。然而，真正做到并不容易。主要有以下几个方面值得注意：一是往往是头脑过热，不愿反思。有的人认为，自己是做工的，只要不出格，不被罚款，该咋干还咋干。其实，抱有这种思想的人，并不等于自己做得如何好，只不过是不想往外抖搂缺点而已。二是家丑不可外扬，顾及脸面。在班前会上，有哪个工人自愿揭自己疮疤？一般情况下，都是领导点名批评，有的违章了，轻描淡写自责一下，或者做一下检讨，以求过关。三是即使有违章的，又无人发现，一般情况下，都不会道出事情原委，更不愿往自己脸上抹黑，往往是烂在自己肚子里。四是怕他人说风凉话，不敢暴露缺点。有的人明知自己做错了，若是来个竹筒子倒豆子——直来直去，肯定会有人说他是傻帽儿、傻蛋。五是受社会的影响，很少人敢于拿起批评与自我批评的武器，别说批评他人，连自我批评都很少有。由于上述五种现象存在，基层班组很难形成反思之风，很不利于企业文化建设，很不利于培养特别能战斗的队伍。如果说我们产业工人是大公无私的，主要是敢于正视现实，敢于批评与自我批评，甚至敢于解剖自己，这是难能可贵的。我们不要以为反思不反思无所谓，这关系到职工队伍的健康成长，关系到企业各项任务的完成。

企业的素质看职工，职工的素质看觉悟，觉悟表现在心底无私天地宽上。首先要从思想上解决反思问题，我觉得应从以下方面认知：一是培养职工队伍的需要。“一年之计，莫如树谷；十年之计，莫如树木；终身之计，莫如树人。”企业既要出产品，又要出人才，那就是十年树木，百年树人。培养职工的品格尤为重要。什么是品格？我觉得，心胸坦荡，大公无私，敢于暴露自己的短处，并加以修正，有所发展，那才是企业所需要的人。二是社会大生产的需要。企业生产的现代化决定掌握现代化企业的人，应该具有实事求是精神、敢于负责的精神，凡是发现问题，敢于纠正，认真反思，不再重复犯同类错误。所以说，没有反思，就不会前进，就不会发展。人无完人，只有承认差距，正视自己，找出不足，才能推动企业向前发展。三是现代班组建设的需要。因为班组既是生产的最小单位，又是企业的前沿阵地，同时又是事故易发源头。可以这样说，凡事故都发生在班组，如何避免发生事故，除了有必要的安全设施外，最重要的是操作工人严格遵守规章制度，真正做到不走样。如果发现问题，敢于揭短，并下决心改正，就能减少和避免各类事故的发生。四是培养现代职工的需要。我们企业所培养的，不是讳疾忌医、偷奸耍滑、隐瞒事实真相的人，而是光明磊落、大公无私、襟怀坦荡的人。

看似讲了一番大道理，正是这样的大道理，解开心中的疑团，怎样学会反思，做企业有用的人。必须加强教育，教育是塑造人的灵魂的伟大事业，是"心灵与心灵的沟通，灵魂与灵魂的交融，人格与人格的对话"。我想这样做，既符合时代潮流，同时又是企业文化建设的需要。大体有以下几个方面：

第一，要把反思当成一种责任，既是对社会负责，也是对自己负责。责任就是做好应该做的事情，其中包括成绩及问题，如果不是这样，那就等于对社会不负责。每个人都不是孤立的，是跟社会紧密相连的。倘若都不负责，那社会就不成其社会。成功的个人都坚持反思，在某种意义上讲，主要是查找存在的问题，如何改进，并朝着理想目标前进。第二，我们把反思当成一种刺激，既是检讨自己，又是鞭策自己。灰心生失望，失望生动摇，动摇生失败。一个不注意小事情的人，永远不会成就大事业。能不能注意日常小事，正是能不能做成大事之关键，二者是相辅相成的。一个成功的班组长要善于检讨自己，从决策到方法，从抓违章到安全生产，班前会差不多都是这些内容。我曾看过班前会记录，都是“毛病”，这个人要注意，那个人要避免，三句话不离安全，正是在纠正错误氛围中，不断鞭策激励自己。第三，我们把反思当成一种境界，既是一种风范，又是激励自己。反思自己，不仅是思想境界，而且是对企业、对工友负责的精神。辽宁北票冠山矿 422 采煤队长张华军，曾告诉我这样一件事，往往快收工时，容易产生隐患，他坚持检查一遍采场，至少半个小时，宁可受埋怨，也要这样做，他说得好：“只有保证安全，才对得住大家。”其实，这句话是在不断反思中总结出来的。

周恩来说过这样一句话：要让我写自己的历史，我就写我的错误。由此可见，反思是多么重要，我们每个干部和工人都是在反思中成长起来的。要深刻认识到，最伟大的胜利，就是战胜自己。

33

警钟长鸣荡春风

【导读】所谓警钟，就是提醒或忠告，不要违章违纪，不要盲干、蛮干和瞎干，要各司其职，各负其责，完善责任制。永远记住：生命与安全一线牵，安全与幸福两相连。

每每听到浑厚而悠长的钟声，我的心灵都会受到震撼。而我所要说的是关于“警钟”的话题。啥是警钟，通俗地讲，就是对安全的“忠告”，不要违纪，不要超过“底线”，不要明知故犯，不要习惯性违章等等。我们把这些个“不要”，称之为“警钟”，希望我们时刻保持警惕，千万别伤着自己，更不能伤着他人。

在各种媒体中，“警钟长鸣”出现的频率很高，甚至成了人们的“口头禅”。如果你到企业参观学习，经常会看到或听到这个词，仿佛耳畔响起了长鸣警钟，为什么会是这样呢？我考虑再三，大体总结出来这样几个原因：第一，“以人为本”的方针深入人心，企业更加关注安全生产，煤矿要求百万吨死亡率为零，交通事故应该一降再降，不再出现矿难、空难、路难。警钟长鸣，家喻户晓，人人都在关心安全。第二，把“安全生产，预防第一，综合治理”方针，变成广大职工的自觉行动。这并非是一件容易的事，空谈不行，要有实际步骤，要有举措，要从每个人做起，时刻把安全放在心上。事实并非如此，仍有一些人没把安全当回事，不是违章，就是违纪，给安全隐患钻了空子，给事故以可乘之机，楼塌了，桥断了，矿井透水了，钢水喷爆了，好端端的家给拆散了，好端端的工厂停工停产了。假如我们不时时敲响警钟，那么安全形势可想而知。第三，企业的机械化、自动化和信息化逼迫我们搞好安全生产。谁要是失责，捅了大娄子，那损失可就大了，整个企业瘫痪了，甚至还会有人员伤亡。究其原因，都是违章惹的祸。看来不治理违章，不警钟长鸣，其后果是非常严重的，企业关门，工人放假，假如所有企业都是这样，那将是什么样的惨象。我们宁可听到骂声，也不愿听到哭声。第四，工人违章现象屡禁不止，企业不可能正常生产，也就不能创造雄厚的物质财富，怎能满足人们日益增长的物质文化需求。所以，我们一方面讲违章违纪的危害，一方面采取行之有效的措施，杜绝违章，避免和减少各类事故的发生。第五，由于人的惰性、软弱性和私欲，给安全生产带来了很多不利因素，要改变和克服人的弱点，必须加强遵纪守法教育。即使天天警钟长鸣，仍有违章的，虽是极少数，但仍是危险源，一旦捅了大娄子，那场面不可收拾，那损失不可弥补。所以，我们一刻都不能放松教育，一刻都不能停止警钟长鸣。上面我所说的，就是警钟长鸣的原因所在吧。

警钟长鸣并不是光动嘴，而且要付诸行动。到底有哪些方法和措施呢？我大体归纳了一下，有以下四个方面。

一是教育培训制度化。其一，加大企业安全文化宣传力度。宣传安全理念、安全知识和主人翁精神。只有把这些形成安全文化，再传播到生产、生活第一线去，才能更有效地增强人们的安全意识，提高人们的安全素质。安全培训经常化、制度化、规范化，不仅能普及安全知识，而且能提高生产技能。其二，教育手段、方法与时俱进。利用电视、互联网、手机等普及安全知识，采取领导讲和工人讲相结合，讲事故案例，讲违章教训，讲操作方法，讲作业规程。其三，理论结合实际，不空谈，讲务实，挖违章根源，提高认识。守法遵纪，从我做起。正直坦荡，表里如一。其四，持久坚持，武装工人头脑，紧紧绷住安全生产这根弦。

二是安全管理的科学化。管理内容很多，有设备管理、技术管理、安全管理、民主管理等，不管是这管理，那管理，均离不开对人的管理。所谓科学化，就是建立健全规章制度，建立岗位责任制，约束和限制工人的行为，使之更趋于规范、科学，减少或避免违章现象发生，大大降低事故率，真正做到安全生产。比如，中平能化集团七星公司开拓四队班长白国周在生产过程中，严格落实安全生产的各项制度，不断探索班组安全管理的新方法。他先后总结提炼了理念引领法、班前礼仪法、指令处理法、“三不少”隐患排查法、“三必谈”身心调适法、“三快三勤”现场管理法、互助联保法、手指口述交班法、亲情和谐法等“班组安全管理九法”，并坚持把这些管理方法运用到生产实践中去，创造了二十几年没有出现任何安全事故的奇迹。

三是违章治理人性化。由于人的弱点导致行为变形，违章的问题时有发生，我们通常采取罚款的办法，收到了一定的效果，但仍然是按下葫芦浮起瓢。有的说，还是罚得轻，如果像治理醉驾那样治理违章，或许能收到奇效。事情并非如此，我们单靠罚款也不是上策，还应该在人性化上大做文章。通常的方法是：第一，亲情法。通过家人提醒、叮嘱、感化，做到遵章守纪。第二，谈心法。谈心是个好方法，解开思想疙瘩，轻装上阵，以利再战。第三，传帮带。订立师徒合同，传授技艺，带好徒弟。第四，单兵教练法。对习惯性违章者实行重点帮教。总之，用亲情感化，避免违章。

四是安全投入常态化。只有安全投入，企业才能实现机械化、自动化、信息化，劳动条件大大改善，安全系数大大提高。比如辽宁北票冠山煤矿，原是近万人大矿，如今人员减到两三千人，由于大量投入，生产机械化，用人少了，效率高了，安全条件改善了，采千米以下煤层，年产仍在五六十万吨。

有人问，你说了半天，到底怎么个警钟长鸣法？只要你仔细玩味我说的话，就会一清二楚的。警钟长鸣绝不是喊几句口号，更不是悬挂几个标语，关键是付诸实践，拿出具体措施和办法来。永远记住：生命与安全一线牵，安全与幸福两相连。

34

居安思危保安全

【导读】 生于忧患，死于安乐。居安思危，有备无患，时刻提防安全隐患。要有居安思危意识、防患于未然意识、预见意识，警钟长鸣，切实把住安全关。

居安思危，思则有备，有备则无患。

连古人都讲究居安思危，何况我们现代人，应从平静中发现风险。而风平浪静处往往隐藏着巨大的风险。我们班组每个工人都要从坏处着想，这是我所要说的“备”，不要以为，某个时期没发生事故，甚至没出现任何安全隐患，就可以不管不顾了。一旦发生了变故，因没有准备，而束手无策。究其因，是思想麻痹，不虑后事，光想成功，不想失败和挫折，这种思想是要不得的，也是非常有害的。

为什么要居安思危呢？我想有以下意义：其一，居安思危是防止突发变故的需要。我们每个人都要有思想和物质准备，一旦发生突发事故，知道该如何处理。这个问题很现实，如果当成耳旁风，不会有好果子吃的。我看到这样一则报道，井下电缆失火，造成一氧化碳中毒，如果不采取措施，十几个工人有可能就“报销”了。

然而，班长没有等死，而是将眼前风筒划开，吸入那里的空气，结果大家得救了。原来那位班长有这方面知识，并派上了用场。如果不是这样，会出现相反的结果。所以我们做工作，搞生产，既要想到有利的一面，还要考虑不利的一面，一旦出现问题，不至于着慌，想出其对策，才能化解遇到的各种矛盾和困难。其二，居安思危是有备无患的需要。假设没有这种思想，没有防止灾难的措施，真的“狼”来了，只好送死。所以我们要有充分的准备，包括思想上、物质上、措施上的准备，我们管这个叫水来坝挡。比如，为了保护矿工的生命安全，在采场附近设立防灾峒室，或是设立“救生舱”，一旦发生瓦斯爆炸或煤与瓦斯突出，采场工人有临时躲避的地方，给其施救延长了时间，将伤亡人数降低到最小。凡是瓦斯矿井，矿工下井都要佩戴救护器。尽管作业不方便，但一旦瓦斯浓度升高，有其保护，就减少了危险。其三，居安思危是以人为本、安全第一、预防为主、综合治理方针的需要。安全工作的一切出发点和归宿点都是为了工人的生命安全。所以居安思危正是为工人生命安全着想。然而，有的企业不是这样，他们为了效益，为了钞票，竟然叫工人在乌烟瘴气粉尘很多的环境里作业，有些工人因生活所迫，养家糊口，结果患上职业病。我见到一位农民，听说铸造厂需要一个清碴（铸件）的，给钱多，结果他干了 3 个月，肺却出现阴影，最后诊断为矽肺病。如果他有防范意识，或是戴防尘口罩，不至于落得这样的下场。看来，居安思危是保护自己的措施之一，切不可置若罔闻，要学会保护自己。

安而不忘危，存而不忘亡，治而不忘乱。我们要树立以下四种意识。

第一，居安思危意识。人无远虑，必有近忧。尤其是高危行业更应如此。其一，事物是不断发展变化的，要做到思前想后。比如，天灾人祸，像暴雨、冰雹、地震、泥石流等，如果我们没有想到或者没有防备，都会造成更大的损失。所谓思前想后，就是头脑中有居安思危意识，一旦发生意外，不至于惊慌失措，措手不及。其二，事物不是固定不变的，要做到不变中之有变。比如，煤矿采场的瓦斯随着气温的变化而变化，不能墨守成规，思想要有所准备。其三，事物的静止，不等于平安无事。任何事物都是运动的，其中静止也是运动，只不过表现形式不同罢了。对作业环境，要看到动中有不动，不动中有动。我们每个工人都应有居安思危意识，不要被任何安全隐患所左右，以达到安全生产之目的。

第二，防患于未然意识。水未到，先垒坝。这个道理人人都懂。但仍有人是心里明白，腿打摽。防患于未然意识，不仅企业领导要有，而且我们工人更要有，并化为实际行动。我曾看到这样一则报道，某个工厂备有灭火器，后来厂子失火了，却打不开灭火器。我是说，打有准备之仗，更要掌握本领。如果像那家工厂那样，灭火器成了聋子的耳朵——摆设，那就是自欺欺人了。不是有这样一句话吗，隐患险于明火，防范胜于救灾，责任重于泰山。所谓防范，我理解的是，思想防范是第一位的，没有正确的思想，不可能有正确的行动。行动防范，包括很多内容，应结合本工种实际，有所准备。再有就是应急预案。这个已成企业领导的共识，企业不同，应急预案也不尽一样，一旦发生变故，有应急预案可以减少或避免人员伤亡和财产损失。

第三，自我保护意识。那些要钱不要命的，实属缺乏保护意识。换句话说，凡是缺乏保护意识，是相当危险的，很有可能被事故所吞噬，造成家破人亡，妻离子散。比如，采掘工人来到采场或工作面，首先要敲帮问顶，扫清绊脚石，排除安全隐患，为安全生产提供保证。应该看到，我们有些工人自我保护意识不够，给自己造成极大的伤害。主要表现以下方面：一是缺乏自我法律保护意识。比如，有些农民工在签订合同时，对人身安全方面重视不够，仅注重工资，却不注意职业病防范，缺乏自我法律保护意识。二是缺乏保护自己权益的意识。高空作业没有安全带，有毒场所没有必要的劳动保护，自己不去争取，甚至是将就凑合，结果是害了自己。三是缺乏自身保护意识。主要表现在违章违纪，蛮干、盲干、瞎干，还有自身不学习，技术不过硬，也是造成自我伤害原因之一。

第四，预见意识。所谓预见意识，是指有远见卓识，站得高，看得远。应该说，最有实践经验的是生产一线的工人，他们知道哪里是危险源，哪里容易发生事故，应该采取什么措施，他们心里最清楚。要发挥主人翁精神，大胆进谏，敢于提建议，尤其是安全预防措施，给领导提个醒，以便有所防范，既保护自己，也保护了他人，一举两得。

“生于忧患，死于安乐”，这是自然界和历史发展的辩证法。海尔集团张瑞敏常说：“永远战战兢兢，永远如履薄冰。”这句话道出了居安思危的真正含义。

35

吹好枕头风

【导读】企业安全工作，离不开家属的支持，组织她们参与安全管理，既关照亲人生活，又吹好“枕头风”，发挥监管作用，她们是不可多得的编外“安全员”。

没有太阳，花朵不会开放；没有爱便没有幸福；没有女人也就没有爱；没有母亲，既不会有诗人，也不会有英雄。我们职工家属，既是家庭的另一半，又是编外“安全员”。男人安全与否、好与不好，跟她们有一定的关系。那么企业怎样发挥家属的“半边天”作用，既值得研究和探讨，又大有文章可做。

我长期在煤矿工作，深知矿工家属不容易，既要侍候男人，又要拉扯孩子。男人三倒班，她 24 小时连轴转。她们说，苦点累点都不怕，最怕井下出事。倘若男人晚点，过了下班时间，她们的心像猫抓一样，甚至跑到井口去找，或打电话询问，那滋味那苦楚只有她们知道。既然如此，我们应发挥家属作用，共同做好矿工安全工作，叫他们高高兴兴地上班，平平安安地回家。那才是家属们最大的企盼。

我想，叫家属做编外“安全员”，有这样几个优势：一是妇女当家做主。家庭一半是女人，女人在家里享有同男人同等的地位。也就是说，她们有权力管理这个家，每个家庭好坏都同家属有直接关系。别看男人在企业打工挣钱，养家糊口，但他们也要尊重家属，因为家属是每个家庭的主人。二是知己，又是朋友。可以说是知无不言，言者无罪，有啥说啥。三是最了解丈夫脾气秉性。别看丈夫在单位可以调皮捣蛋，但回家却怕媳妇，惧内。四是有啥心里话可以直接交流，不必拐弯抹角，可以竹筒倒豆子——直来直去。五是敢于批评与自我批评。家属有五大优势，做编外“安全员”，算是最佳人选。

实践证明，我们有些企业充分利用这个资源，共同做职工安全工作，叫他们不违章，严格按操作和作业规程办事，并收到了较好的效果。我曾到矿工家采访过，有的家属很会做工作，一是侍候好丈夫，让其无后顾之忧，下井挖煤精力集中。二是上班前不忘叮嘱，千万别违章，别罚款，如数交来工资，以便养家糊口。三是家里事都承包了，叫丈夫一心做好工作。矿上对家属很重视，有的召开座谈会，甚至表扬她们为矿山所做出的贡献。我至今难忘一件事，有个矿工老是违章，队长拿他没办法，甚至磨破嘴皮，仍不见好转。后来，队里通过家属做工作。这位家属很聪明，她不吵也不闹，对他说，如果还不好好干活，那么咱俩就“吹灯拔蜡”。这位工人不以为然，结果他老婆带着孩子回了娘家，这下他受不住了，找领导表决心，做保证，只要把他老婆请回来，他就再也不违章了。领导都管不了的职工，家属却管得好。我觉得，家属不光是

“半边天”，而且也是不可多得的“指导员”。

如何发挥家属在安全生产中的作用？我觉得，不是说说而已，而是要有具体方法。这种方法，并不深奥，并不难做，而是把家属发动起来，参加企业安全管理，真正把她们当成编外“安全员”。那么，怎样让她们参与安全管理？我觉得有以下几个方法，不妨试试。

第一，企业安全管理有家属代表参加。我并不是说，家属像职工一样参加各种安全会议，讨论有关安全问题，而是定期请她们来企业参观指导，尤其是安全生产管理方面的问题。家属们了解男人的有关情况，将对安全生产的意见和建议反映给企业，以便采取措施，保证企业安全生产。一是选派家属代表。从社区或家属区里选派那些敢于谏言的家属。二是公布于众，行使权力。企业对优秀家属代表，予以一定的物质奖励。三是让家属参加会议，如参加企业安全会议或参加队（车间、站段）会议。四是加强管理。企业安全部门或队（车间、站段）领导定期走访，搜集意见。

第二，武装家属头脑，发放或传递有关安全信息，尤其是家人所在企业安全情况。通过各种渠道，让家属了解安全，参与安全管理。一般的方法有：一是通过广播电视，宣传安全生产方针，以及有关安全知识。二是通过发短信或电子邮件，介绍有关安全案例，让家属粗知安全情况。三是建立家属安全联系点，发放有关安全材料，如书报。有条件的可以为家属赠送矿工报（资料）。四是定期走访，予以人文关怀。不仅从生活关心她们，而且还要在政治上关心。家属也是企业的主人，赋予她们安全知情权、发言权，尤其是告知她们企业发展，资金投入，设备更新，以及机械化、电气化和信息化的程度，让她们感受到企业安全发展成果，鼓舞士气，支持丈夫为企业发展尽一份责任，做一份贡献。

第三，支持丈夫工作，让其做到不违章，不违纪，不出任何事故。我觉得，家属们能做到这一点，是对安全工作最大的支持，也是对丈夫最大的爱。一是感情投资。在生活上关心，在情感上关爱，让丈夫无后顾之忧，一心投入工作。比如，两口子不打架，不闹意见。二是吹枕头风，对丈夫要多鼓励，多支持。发现有违章现象，或收到罚单，不要大吵大闹，更不要摔盆砸碗，应多做工作，找出原因，采取措施，杜绝违章。尤其是习惯性违章的，更要多开导，多做工作，一次不行，两次；两次不行，三次，直至矫正错误，高高兴兴上班，平平安安回家，家庭和和美美。三是摸清“晴雨表”，帮助丈夫解开思想疙瘩，调整情绪，不生闷气上班，不带着怨气上班，不带着情绪上班。我曾采访过一位绞车司机，他之所以几十年没违章操车，没在夜班睡过觉，关键是家属起了作用，给他创造了良好的休息条件。孩子小的时候，家属抱着孩子去邻居家或亲戚家，也不耽误丈夫睡觉。由于休息好，想叫他睡觉都不可能。

一个美丽的女人是一颗钻石，一个好的女人是一个宝库。

36

祸，源于私利

【导读】为蝇头小利，做违章的事，并非鲜见。祸，源于私利，源于违章，图享受，欲壑难填，搭上性命。反过来，不走捷径，按规矩作业，事故绝不会找上门来。

在进入正题之前，先讲个马和鹿的寓言：从前有一匹马独占一片草原。有一天，一只鹿闯入了他的领地，想与他分享草原。马对鹿的闯入十分仇视，一心想报复，便向人请求帮助惩罚鹿。人回答说，如果愿意把一块马口铁衔在嘴里，并答应让人骑在马背上，他就拿出最有效的武器为马去驱逐鹿。马同意了人的要求，允许人骑在他身上。从这以后，马才知道，还没有对鹿进行报复，自己却成了人的奴隶。这则寓言告诉我们，马的自私，导致这样的可怜下场。看来，祸是源于私利，而丧失生命。反过来说，祸也源于违章。

之所以要这样说，自然有我的道理。翻阅诸多的事故案例，绝大多数皆因违章而致。那么违章跟私利二者有什么关联呢？这是我们所忽视的问题，必须深挖其根源，从中找出经验教训。应该说，是祸，都源于私利，又是“欲”字作祟。君不见，有相当多数的事故不都是人为的吗？所谓人为，就是不按规矩办事，违章造成的。违章跟私利有何关联？大体有四方面：其一，凡是违章，都是私字当头。比如，汽车超载，想多挣几个；闯红灯，想早点到达目的地；为抄近路，竟然翻过护栏等等，这样的例子举不胜举，结果怎样，有的闯祸了，轻者，受伤；重者，白白搭上一条鲜活的生命。其二，凡为私利什么事都干得出来。比如煤矿，本来发现瓦斯超限，报警系统又发出了警报，按规定，马上撤离采场人员，直至采取相应措施，消除险情，才能作业。然而，有的矿长为了多出煤，竟然以不惜牺牲工人生命为代价。尽管我国煤炭安全形势大有好转，但矿难没有绝迹，百万吨死亡率仍未达到零，仍有很多工作要做。其三，贪图私利而失去理智，把安全丢在了脑后。这样的事例，虽然是少数，但这样的人，应验老言古语，人为财死，鸟为食亡。有的矿主为降低成本，干打炮眼，根本没有消尘设施，那些为了养家糊口的，却天不怕，地不怕，连防尘口罩都不戴，用不上多久，患上了矽肺病，身体报销了，活也干不了，后悔药没地方买去。其四，为蝇头小利却丢了性命。我曾下过煤窑，矿上有规定，不许蹬车。有的人为提前几分钟升井，违章蹬车。结果车翻了，轧断了腿。这样的负伤，值不值？

人类的生存，需要有雄厚的物质基础，但一个极端自私自利而唯利是图、见利忘义的民族，是一个没有希望的民族，也是一个可悲的民族。企业是创造财富的，生产的目的是为了满足人们日益增长的物质和文化需要。我们要奋斗，难免会有牺牲，但是我们不能白白送死。必须坚持“安全第一，预防为主，综合治理”的方针，必须坚持以人为本，只有这样，才能以很小的代价换取更多的财富。为此，国家出台了很多法律法规，其目的是保护我们工人生命安全。然而，有的不服上面管，我行我素，捅了大娄子，殃及他人。企业不允许这种现象发生，靠发号施令不行，靠罚款也不行，必须找出祸之根源，或对症下药，采取措施，以减少各类事故的发生。现在最棘手的就是如何解决违章问题。前面我说了，祸，源于私利，违章又是祸之源。换句话说，私利又是违章之源。那么怎样做才能不让工人闯祸，安分守己，做好本职工作，为国家和集体做贡献呢？我想有以下办法。

第一，君子爱财，取之有道。有民谚说“金钱不是万能的，但没有金钱又是万万不能的”。这话说得非常精辟，也非常精彩。前一分句既对金钱的作用作了冷静的审视，又含有几分鄙夷和不屑；后一分句则是在对金钱理智分析的基础上对其巨大作用的客观承认。以个别矿主为例，他们赚取更大的利润，什么都不顾，竟然把规章制度丢在脑后。比如，明知越界开采违反有关规定，但为了赚取更多钱，铤而走险，结果酿成重大伤亡事故。不管是小煤矿，还是国有大矿，都存在这个问题，那些财迷打底，鬼迷心窍，老想钻钱眼的，可以断言，既保不住自己，也左右不了他人，到头来，非把自己扔进坟墓不可。

第二，因小失大，因财丢命。古代有这样一个故事，说是一位守财奴背着几贯铜钱过河，舟至河心，风疾浪高，一个趔趄，掉进了河里。当人们抢救其性命之时，却遭到他的拒绝，这个守财奴疑人觊觎他的钱财，于是，五文、十文、十五文，拿命做交易，最后淹死于水中。

我们的工人也是如此，不能为了蝇头小利，去干违章的事。比如，长途汽车应配备两名司机，有的为省钱，一个人开车，天长日久，疲劳驾驶，结果追尾了，造成了车毁人亡事故。实际生活中，因小失大的事太多了，这样的教训，应该吸取，否则是后悔一辈子。

第三，为图省事，不按规矩办事。比如，某个电工换灯，应先拉下电闸，再换灯泡，他图省事，带电作业，思想一溜号，电着他了，从两米高的凳子上摔了下来，恰巧脑袋硌在砖头上，结果是脑出血。像这样的事例，并不鲜见，究其因，是贪图一时安逸，什么都不顾了，撞了南墙方回头。说来说去，是欲望或私利所使，有些人则毁在这上面。

祸，源于私利。那些爱贪小便宜，贪图私利的人，最容易违章。谁违章了，谁就没好果子吃，非出事不可。君子坦荡荡，不为私利所左右，那事故也不会找上他的。其因是：祸，源于私利，源于欲望。看来做个好人，做个光明磊落的人，连事故都不会找上门的。

仁者无忧，智者无虑，勇者无惧。仔细玩味孔子这句话，是大有裨益的。

37

别把规章制度当儿戏

【导读】规章制度是企业内部的“法律”，是法律就应该严格遵守，既不能亵渎，又不能变通，更不能当儿戏。尤其是干部，要言传身教，模范遵守，切实保护员工生命安全。

人们厌烦了寂静，就希望来一场暴风雨；厌烦了规规矩矩气度庄严地坐着，就希望闹出点乱子来。（契诃夫）如果是这样，那就乱套了，没有规矩，不成方圆。

何谓规章制度？规章制度俗称规矩，是指企业制定的组织劳动过程和进行劳动管理的规则和制度的总和，也称为内部劳动规则，是企业内部的“法律”。规章制度内容广泛，包括了企业经营管理的各个方面。对规章制度必须遵守，才能保证企业的正常运转，不至于发生伤亡事故。

规章制度是否成为保护员工生命安全的“武器”，关键是看企业领导是否自觉遵守，继而，给员工做出个好榜样。事实并非这样，违章违纪现象屡禁不止，假如把责任推到员工身上似乎有些不妥。主要是领导并没有把规章制度当回事，对企业内部的“法律”，随意变通，朝改夕变，使其丧失了“法律”尊严。对于领导来说，必须树立安全意识，规章制度是佛爷眼珠——动不得。换句话说，我们绝不能触“电”，更不能跟它开玩笑。有人说，规章制度是用血写成的，再别用血去验证。我觉得，这种说法并不为过。比如，煤矿的规章制度，像对于“短炮线放炮”“瓦斯超限”等都有明确规定，而这些规定，大都是用血的教训写就的，谁违背这些规定，谁就会酿成事故。如果我们跟它开玩笑，明知故犯，等于不要命了。规章制度是企业内部“法律”，它跟国家的法律法规同等重要，必须明白，既然是法律，就应该无条件遵守，谁破坏它，或亵渎它，就等于犯罪。尤其是企业领导，是执法者，应执法如山，否则，员工则成了一盘散沙，怎能完成生产任务，创造经济效益。

遵章守纪的领导才会带出遵章守纪的员工。我认识一位叫张华军的矿工，他是辽宁北票煤业公司冠山矿 422 采煤队队长、全国煤炭工业首届“百名优秀青年矿工”，他支的液压支柱，稳如泰山。工友们也不含糊，发现问题，推倒重来，以保证采场安全无恙。我翻阅过一些事故案例，有些事故的责任人，就是领导干部，由于他们不能以身作则，甚至跟规章制度开玩笑，结果受到了事故的惩罚。我们有些领导，口不离规章制度，但自己模范作用差，对员工严不起来，这是非常危险的。尤其是高危企业，更应该严要求，必须按规定操作，如果违反规定，那后果是非常严重和可怕的。这样的事故案例可以说是举不胜举。比如，有的矿主私藏火药，严重违犯炸药存放规定，结果发生了爆炸；有的领导嫌绞车运转速度慢，竟然拆除保险装置，结果发生了绞车过卷事故，造成罐毁人亡事故。由此可见，领导违法乱纪，会给企业带来多大的危害。

严格规章制度，尽其领导责任。怎样称得上对员工负责，我觉得，严格规章制度，是对员工最大的爱。如果说，领导对规章制度不严，有点冤枉他们了。这里我要说的，是怎样对待违章违纪者，有的抡起罚款大棒，动辄就处罚，好像罚款最能治理违章似的，其实只做对了一半，罚款是安全管理的手段，但不是唯一手段。严格规章制度有很多手段，一是停工停职，杀一儆百。对严重违章者，必须这样，既惩罚本人，又教育他人，一举两得。二是温故知新。因为没有熟记有关条款，结果捅了娄子。要求违章者重温有关条款，做到耳熟能详，真正做到不违章。三是手指口念。有的因为技术不熟练，操作有误，犯了不该犯的错误。对于这样的违章者，必须让其采取手指口念的方法，直至达到炉火纯青的地步。四是帮助教育。从思想上挖掘违章的危害，从行动上看其表现。我这样说，可能有人反对，哪有那工夫呀，罚款了事。实际上，这并没起到教育目的。我并不是反对罚款，而是主张多种方法并用，既要有好的动机，又要有好的效果，动机与效果有机结合，那才叫完美呢。

关键是律己。如何培养员工自觉地遵章守纪，锻造一支特别能战斗的队伍？往往我们忽视了这一点，缺乏长远的眼光。在这方面，我们应借鉴和学习好的典型。比如，中国工人阶级的先锋战士——铁人王进喜，他所在的 1205 钻井队做到“三老四严四个一样”：对待革命事业，要当老实人，说老实话，办老实事；对待工作，要有严格的要求，严密的组织，严肃的态度，严明的纪律。对待革命工作要做到：黑天和白天一个样；坏天气和好天气一个样；领导不在场和领导在场一个样；没有人检查和有人检查一个样。这一作风是大庆石油工人高度的主人翁责任感和科学求实精神的具体体现，是大庆油田企业文化融会中华民族优秀文化传统最基本、最典型、最生动的概括和总结。要想不把规章制度当儿戏，教育员工律己是最好的办法，教育员工即使没有他人监督，没有他人检查，也能自觉按规章制度去做。其实，“律己”精神培养，又非一日之功。然而，企业又最最需要这样“律己”的员工。

不把规章制度当儿戏，是领导坚持落实以人为本的真实写照，是安全生产第一责任人的风范。我觉得，视规章制度为“法律”，还应做好以下几点：其一，安全创新，摒弃陈旧的规章制度，创造适合企业发展的规章制度。对于起不到保护员工作用的个别条款，应予以修改完善。其二，随着科学进步，大胆引进新工艺、新技术、新设备，规章制度也应随之跟进，否则易出“盲区”，不利于员工的自我保护。其三，规章制度应需温故知新。不仅员工这样做，领导也应如此，否则，怎么知道员工违章呢。尤其是新任领导，更应如此。其四，规章制度力求精练、生动活泼，便于记忆。

规章制度是用来保护员工生命安全的，绝不能当花瓶，更不能充样子，是法律，就应该恪守，尤其是领导，应做遵章守纪的模范。

38

莫把管理不当回事

【导读】 管理是一种行为，一种手段，一门艺术，又是严肃的爱。管理应以民主管理为主，抓住关键，管住细节，堵塞漏洞，不给安全隐患留有任何空间，做到安全生产。

管理是一种行为，是一种手段，更是一门艺术。衡量或检验班组战斗力，主要是看管理到不到位。所谓管理，就是抓住细节，堵塞漏洞。以安全管理为例，班组成员是否遵章守纪，是否把工作做到家，是否人人尽职尽责。实际上，在班组安全管理上，仍有一定欠缺，具体说来，就是抓得不细，仅停留在口头上，甚至以罚款代替管理，主要存在以下问题：一是停留在说教上，没有真抓实干。有的说得多，做得差，并没有成熟的管理经验，又缺乏具体做法。往往是粗放性管理，抓不住核心，抓不住根本，成效甚微。二是管理什么。泛泛地管，不行；眉毛胡子一把抓，更不行，在我看来，应以民主管理为主，循序渐进。有相当多的班组民主管理没落实，几大员是挂牌的，是聋子耳朵——摆设，发挥不了作用，凡事都由班组长一人说了算。三是不结合本班组实际，生搬硬套，生吞活剥，邯郸学步。到后来，都把自己东西给丢了。四是粗放型管理，仅满足大轰大嗡，水过地皮湿，细节没抓住，漏洞百出，按下葫芦浮起瓢，涛声依旧，自欺欺人。上述问题的存在，不是个别的，带有普遍性，这是班组安全管理一大忌。如果不加以解决，光靠罚款是不能奏效的，班组安全状况不会好转，事故会时有发生。其原因是，人人没有学会管理，具体说，班组成员没有管住自己，给安全隐患留有兴风作浪的空间。

所谓管理，就是对人的管理，即对人的行为进行控制。这是一件很难很难的事情。为什么这样说呢？以班组管理而言，人与人的觉悟参差不齐，所表现出来的行为也有差别，这给管理增加了很大难度。其一，管住人，主要是管住人的行为，在某种意义上讲，管住人等于管住了一切。我非常欣赏中平能化集团七星公司开拓四队班长白国周的做法，严格落实安全生产的各项制度，不断探索班组安全管理的新方法。他先后总结提炼了理念引领法、班前礼仪法、指令处理法、“三不少”隐患排查法、“三必谈”身心调适法、“三快三勤”现场管理法、互助联保法、手指口述交班法、亲情和谐法等“班组安全管理九法”，并坚持把这些管理方法运用到生产实践中去，创造了22年没有出现任何安全事故的奇迹。正是靠这些方法，管住人的行为，做到不违章，不违纪，不做出格的事情。其二，管住人，首先要管住人的思想，这是总开关。人的思想有差异，有些班组长不善于做思想工作，方法简单粗暴，大多数以罚款代替思想工作。我不反对罚款，一定要有度，但思想工作还要跟上，这样既限制了人的行为，又从思想上认识违章的危害。这样做的本身，瞻前顾后，矫正其行为，做到一举两得。那么为何人的思想不好管理？有以下几个原因：第一，年龄、经历、阅历不同，思想认识有所差异，所以工作方法不能整齐划一，要一把钥匙开一把锁。第二，文化程度不同，接受新事物有所不一。假如一个班组有大学生、中专生还有初中生，班组长绝不能一概而论，不能一勺烩，要区别对待。第三，脾气秉性不一，不要整齐划一，更不能骤风暴雨，要讲究方法，对症下药。由此看来，管思想是件很难的事情，又不能不管，但不知道怎么来管。凡是优秀班组都重视班组文化，善于抓思想工作。白国周班长管人管到根本，落实于行动，拨亮了一盏盏灯，把班组搞得红红火火。其三，从细节入手，管住人的行为。可以这样说，那些“马大哈”，粗枝大叶，没把心思用到生产上，事故会追着他跑，稍不注意，甚至成了牺牲品。成也细节，败也细节。什么是细节？一般来讲，细节就是细小的事物、环节或情节。可以形象地说，细节是转动链条上的扣环，是千里钢轨上的铆钉，是太空飞船上的螺钉……现实生活何尝不是这样呢？注意了细节才能把事情办得更加完美。我从各类事故中看到，凡是工作做得不细，或不到家的，那事故隐患就会追着他跑，细细品味，原来都是细节惹的祸。所以要管住人的行为，必须从细节抓起，抓得越细越完美，就越远离安全事故。

任何班组都离不开管理，而管理又离不开人，那么怎样调动人的积极性和创造性，必须从管理入手，人的素质提高了，责任心增强了，更加注重细节了，班组管理上去了，生产力水平随之提高，达到优质安全高效。在我看来，主要从以下三个方面进行培养。一是抓细节，正行为，守规矩。细节始于行为，行为不端，不守规矩，自然要捅娄子。以安全生产为言，不按作业或操作规程办事，最后是害了自己，殃及他人。这样的事故案例，举不胜举。有这样一则报道，某市管道吹扫操作不当，结果造成 1 人重伤、3 人轻伤的事故。所以说，操作不当容易出事，就是不按规程作业，也会发生事故。看来，端正行为，守住规矩，才能保证安全生产。二是抓细节，练硬功，提素质。细节不是说出来的，而是练出来的，素质不是喊出来的，不是从天上掉下来的，而是在生产实践中摸爬滚打出来的。比如，桥吊大王许振超，练就了“一钩准”“一钩净”“无声响操作”等绝活，堪称世界一流水平。有的怨天尤人，质量问题，是操作者技术水平低。设备老耍脾气，是没摸透其规律；零部件不合格，是忽略细节。总之，事故都出在人的管理上。三是抓细节，塑形象，攀高峰。所谓形象，以企业而言，是否有过硬的技术、一流的品牌、一流的质量，并得到用户的认同。

归根结底，管理就是做好细节工作。从思想入手，从一点一滴抓起，从一招一式做起，从一点一滴累积而成。

说到底，管理是一种严肃的爱。

39

教训也是一笔财富

【导读】失败是成功之母，吃一堑，长一智，关键是接受教训，不再重犯类似错误，这是聪明人。教训就是经验的一面镜子，是心坎上一盏永不熄灭的路灯。

教训是一盏心坎上永不熄灭的路灯。

说起教训，人们对此并不陌生。以安全生产为例，只有吸取教训，才能减少或避免事故发生。企业员工的高明之处，在于不重复原来的错误，不重蹈覆辙，那么教训就是经验的一面镜子。

教训从何而来，或者说是怎样产生的？可以这样肯定，没有生产过程，便没有经验教训，二者是相辅相成的。在我看来，有以下几个原因：一是我们对事物的认识水平有限，难免要交“学费”的。所谓“学费”，就是教训。失败是成功之母。比如，煤矿采场的瓦斯达到一定浓度时，遇到了明火就会发生爆炸。怎样避免瓦斯爆炸，确实有个认识过程，从每次事故中吸取教训，直至现在采取“先抽后采”的措施，瓦斯事故大大减少了。认识真理无止境，经历实践认识，再实践再认识的纠结反复过程，这个过程就是解决问题的过程，就是查找教训反思过错的过程，使我们变得聪明起来。

二是掌握和驾驭规律，需要一个循序渐进的过程。大家都知道，规律是指事物之间的内在的必然联系，只能通过实践认识它、利用它，实践的过程，难免有失败和教训。比如，对“安全第一，预防为主，综合治理”安全生产方针的认识，经过一个长期过程，人们对其达成共识。可以想象，任何成功都是用诸多教训换取来的，并不是主观臆想。三是任何教训与生产实践密不可分。既然有生产，就会有教训，安全隐患或事故应运而生。这里面有这样几个问题：一是违章操作，尝到了苦头。二是在实践中，发现了问题，需要改进，否则，走进死胡同。三是新事物（新工艺、新材料、新技术、新设备）难免有失败和教训。在我看来，凡是新事物，有认识的差距，有实践的误差，有操作的失误，关键是吃一堑，长一智，避免重犯以往的错误。

如何变教训为财富？对于这个问题，值得探讨和研究。往往有这样的情形，一谈到教训，似乎认为是坏事，对此很反感，不能正确对待，甚至讳疾忌医。正是这种思想作怪，本来是一笔“财富”，却弃之，甚至打入冷宫，这是很不可取的。我认为，应从三方面变教训为财富。

第一，从事故案例找出规律性的东西，变“废”为宝，为我所用。一般来说，有的不愿家丑外扬，尤其是事故教训，都不愿主动抖搂出来。谁要给其曝光，老大不高兴。我曾翻阅部分事故案例，给我的印象是，事故起因，大都是违章所致。那么有哪些东西值得我们借鉴呢？大体有以下三种：其一，以卵击石，飞蛾扑火。明知是违章，偏要“触电”，结果碰得头破血流。比如，某矿主越界开采，严重违法，煤是多采了，但却发生透水或瓦斯突出事故，结果是赔了夫人又折兵。其二，自作主张，搬起石头砸自己的脚。绕开规章制度，主观武断，一意孤行，结果害人不浅。比如，某酒店擅自把逃生门挪作他用，后来发生火灾，就餐人员无法逃生，结果活活被烧死，损失非常惨重。其三，怨天尤人，不在自身上找原因。发生矿难、路难或空难，在查找事故原因时，不是查找问题，而是推卸责任，硬说是天灾如雷、电、风雨、海啸和地震所致，以逃避责任，不受惩罚。本来事故一面镜子，折射出来的是教训，在心灵上划过深深的一道痕。对此，不能置若罔闻，更不能当“垃圾”扔掉，那是一笔宝贵财富。

第二，从违章中找出规律性的东西，吸取教训，不重犯类似的错误。应该说，有些规章制度凝结着血的教训，是事故原因的翻版，是企业内部的法律，佛爷眼珠——动不得。我曾是矿工，深知规章制度的重要，谁要触犯它，倒大霉的是自己。举个例子，掘进工作面靠局扇通风，有人嫌风大，竟然关了局扇，因掘的是煤巷，工作面无风，瓦斯越聚越多，排不出去，工作面 5 个人，险些被瓦斯给熏死。作业规程明明写着，工作面不能停风，更不能随意关闭局扇。有句谚语说得好，一只狐狸不能以同一的陷阱捉它两次。难道我们人类，就那么不长记性，未免有点太愚蠢了。

第三，从新事物中找出规律性的东西，以达到认识自然，驾驭规律，为我所用。社会在前进，企业在发展，新工艺、新技术和新设备的广泛应用，难免出现这样或那样的问题，这就是我们所说的教训。一次次失败的总结，一次次认识的提高，最终是掌握或驾驭规律的钥匙，以解开大自然的奥秘，这是多么惬意的事情。比如，神舟九号与天宫一号成功实现手动交会对接，这实际上是飞行员在地面经历过无数次试验的结晶，这里面包含着失败，有过教训，在此基础上，才会取得如此骄人的成绩，同时为神舟十号积累了宝贵经验。如果说，没有地面刻苦训练，没有多次失败，很难实现这一科学壮举。

第四，从日常生产中找出经验教训，提高自身素质，成为生产能手或安全标兵。我们的工人之所以能驾驭现代科学技术或先进设备，其能力和水平，不是天生的，是经过艰苦的训练和实践，掌握其性能或规律，使设备乖乖听从人指挥，而不是被设备牵着鼻子走。像“金牌”工人许振超，干一行，爱一行，精一行，在工作中练就了“一钩准”“一钩净”“无声响操作”等绝活，带出了“王啸飞燕”“显新穿针”“刘洋神绳”等一大批具有社会影响的工作品牌，成为专家型工人。“绝技”源于千锤百炼，源于失败和教训，源于不断地完善和总结。

我说来说去，仍用这句话作结尾：一只狐狸不能以同一的陷阱捉它两次。

40

真抓实干练硬功

【导读】空谈误己，要有实际行动，那就是练硬功。只有身怀绝技，拿得起，放得下，才能承担“急、难、险、重”任务，又不易出现安全隐患，成为企业的精英。

既要把“真抓实干练硬功”当成口号，又要把口号变成每个人的实际行动。在我看来，真正做到并非容易。然而，安全发展正是需要这样的人去奋斗，去创新。有人问，真抓实干，到底抓什么？就安全生产而言，当然是安全了，没有安全，就没有企业，就没有员工的幸福感。在我看来，所谓“真抓”，是指抓违章违纪，抓规章制度的落实，抓安全隐患的治理，抓事故的防范。俗话说，干啥吆喝啥。比如，抓违章违纪，这是个永久的课题，并不是说，今天抓违章了，明天就不用抓了。那是不可能的。好比治理酒驾一样，那么严厉的处罚，仍有顶着上的，仍有不听邪的，我行我素。所以说，抓违章本身就是保障安全生产。那么怎样抓违章？我觉得，大有文章可做，并不是空喊口号，更不是一阵风，而是如何树立安全第一思想，这是最最重要的。思想支配行动，思想上不重视安全，行动必然走样，动作必然变形，都是违章惹的祸。我觉得，牢固树立“安全第一，预防为主，综合治理”的方针，不是喊两嗓子，更不是贴上几条标语就能达到目的。主要的是抓住根本。

一是有的放矢，抓住根本。什么是妨碍安全思想落实的根本?是头脑里没有绷紧安全这根弦，根本没把违章当回事。所谓根本，是指影响或刺激遵章守纪的手段或做法。比如，通过事故案例，用活生生的事实，不断刺激其大脑神经，千万不要违章，更不能“触电”，那样做的本身，是毁了自己，毁了家庭，也害了他人。这就是我们所说的安全文化，不要只搞一阵子，而是常搞常新，有所变化，有所创新，深扎安全思想的根子。

二是结合实际，不打“隔山炮”，触及其灵魂。结合违章现象，分析产生之原因，有针对性地进行教育。比如，脱岗、随意换岗或不做交接班等，看起来是小事一桩，实际上是非常危险的，其一，打乱工作程序。如果是锅炉工，因脱岗烧干了水，造成了锅炉爆炸。其二，不相互通气，不了解情况，很容易发生事故。比如，煤矿的采场，随时都有变化，尤其是瓦斯，还有地质情况，这些都为安全生产设障，相互通报，有所了解，打有准备之仗，利于安全生产。

三是单兵教练，在思想上打下深刻烙印。凡违章者，按规定予以罚款处理，这还不算，还要进行单独教育，挖出违章的思想根源，还要采取具体措施，减少和杜绝违章行为发生。比如，某汽车司机又是酒驾又是闯红灯，自然受到了应有的处理。领导应对其教育，或是停驾，或是做检查，挖掘其内因，如何不再违章。只有从安全思想上入手，抓住了根本，违章现象才会大大减少，才会创造一个“违章可耻，遵章守纪光荣”的氛围。

四是抓规章制度落实。应该说，没经过学习或培训，对其不甚了解，连自己违章都不知道，被罚款或受到批评，心里岂能服气，领导应负责任。所谓抓落实，就是贯彻落实，不要应付、对付了事，要认真学、相互学，严格考试，达到耳熟能详，只有在头脑里扎根，想违犯都是很难的。特别是新技术或新工艺，更要先培训，不达到规定要求，不上岗。从客观上堵死违章的路。对极少数习惯性违章者，除了批评教育，就是惩罚，但要找出原因，对症下药。同时，还要抓重点部位、重点岗位，他们是否落实规章制度，这是关系到能否消除安全隐患的大问题。没有重点，胡子眉毛一把抓，是抓不出成效来的。行业不一，重点也不一样，煤矿采掘队应是重点，他们不违章，严格按规定办事，就能少出或不出事故。

有人问，练硬功与遵章守纪有何关系？在回答这个问题之前，先说说什么是硬功。硬功如用在其他领域，则可解释为超凡的本领，引用范围较广。古往今来，拥有不凡的硬功技能者才具有更强的生存能力。精于技艺，博学多闻。有一技之长易于谋生，精于技艺不但能谋生，更能利于大众。这里我着重说说硬功与安全的关系。一是硬功是本领的代名词。换句话说，本领体现硬功高低。凡是没有本领的，既胜任不了本职工作，而且在岗位上时常出错，甚至发生安全事故。那是因为技术没练到家或不很熟练，操作起来极易产生差异，容易产生安全隐患。二是绝技源于硬功。世上的武林高手，靠的是勤学苦练，身怀绝技，天下无对手。我们企业里也有“武林高手”，“文化大革命”前，涌现了老英雄孟泰、赵梦桃、王崇伦等，当今的许振超、白国周等都是身怀绝技，创造了人间奇迹。可以想象，像他们这样的人，肯定不会出现大的差错，更不会发生不该发生的事故。三是绝技防身保安全。武林有句话，习武防身健体。如果岗位工人身怀绝技，而且又不出事故，做到安全生产，一举两得。

硬功不是说出来的，而是通过一招一式天长日久练就出来的。衡量一个企业的素质，主要是看其有多少能工巧匠；衡量一个人的素质，主要看他技术熟练程度。大凡怀有硬功者，既是企业的精英，又是先进生产力的代表。要有目的地培养一批技术精英，带动和影响其他工人，熟练技能，承担艰巨而复杂的任务，又能把工作做得完美，避免各类安全事故发生。许振超是这样，其他的精英也是如此，他们用汗水换来绝技，在本岗上建功立业。

硬功是当代工人的标志。现代科学技术需要有身怀绝技的人去掌握去驾驭。如果我们面对的是高新技术和设备，没有技术储备，没有一批能工巧匠，岂能为社会创造财富。我们不能做天桥把式，光说不练，要从岗位上练，要有目的地练，练出真功夫，成为企业有用人才，才能做到“一夫当关，万夫莫开”。

人生如戏，生命是舞台，每个人都扮演着自己的角色，且让每个人都好好走过有意义的一趟。

41

对习惯性违章下猛药

【导读】对于习惯性违章，我们要对症下药。主要从根上找原因，制定具体措施，规范行为，从一点一滴做起，加大处罚力度，使其幡然改正。

习惯性违章等于慢性中毒。有人患了“违章病”，一再表态，一再检讨，过后又不是他了，罚款名单老是有他的名字，若不加以整治，后患无穷，不但影响班组声誉，而且很容易发生事故。那么，习惯性违章源于什么呢？具体说，有客观的，也有主观的，主要还是人为的，其根源有以下几个方面。其一，侥幸心理，是指偶然地意外地获得利益，或躲过不幸，引申为人们贪求不止，企求非分，意外获得成功或免除灾害的心理活动，如侥幸过关，心存侥幸等。其二，不良习惯，往往又在工作中复现，可以这样说，有什么样的习惯，就有什么样的作风。其三，不求真，世界上怕就怕“认真”二字，共产党就最讲认真。实际上，我们干工作，做事情，不求精细，马马虎虎，不可能收到较好的效果，不是这里出现瑕疵，就是那里出现纰漏，不但不能达到圆满的结局，而且极易造成安全隐患。其四，无视法纪，那些违章作业的，甚至造成事故的，往往都是无视法纪的人。应该说，事故的主因基本上是人为的，主要表现是明知故犯，似懂非懂，似是而非，没经过培训就上岗。

习惯性违章表现在以下几方面：

一是心存侥幸。心里明白，腿打摽。心存侥幸，明知违章，偏要操作。虽说违章作业不一定出事故，但心里没底。像酒驾一样，尽管一时没撞着人，但迟早会发生交通肇事的，后悔药没地方买去。

二是得过且过。人无远虑，必有近忧。今日有酒今日醉，明日愁来明日忧。无所用心，不虑长远，当一天和尚，撞一天钟。反正挣到了钱，完事大吉了。至于安全隐患，与我无关，根本没放在心上。

三是自以为是。“自以为是”这个成语出自《荀子·荣辱》：“凡斗者必自以为是，而以人为非也。”这种人太主观武断，一切都是由自己说了算，听不进他人意见。大凡这样的班组长，往往是贸然行事，固执己见，结果铸成了错误。

四是无所顾忌。天老大，他老二，熊瞎子打立正——一手遮天。遇到突发事件或险情，不顾主客观条件，由着性子干，只想眼前，不虑后果，不顾他人安全，这样的班组长，真该改改这个毛病，否则，非碰个头破血流不可。

五是不懂装懂。不看书，不读报，对法律法规一知半解，甚至是擀面杖吹火——一窍不通。然而，又装大明白，俨然万事通，明明违章了，又意识不到。这样的班组长，是南郭先生，是大糊涂糊弄小糊弄，这比无知更危险。

六是明知故犯。“明知故犯”这个成语出自宋代释普济《五灯会元》卷十九：“问：‘一切含灵具有佛性，既有佛性，为什么却撞入驴胎马腹?’师曰：‘知而故犯。’”明明知道不能这样做，却故意违犯；明明熟知安全操作规程，却偏偏在作业中图省事，怕麻烦，养成违章习惯。

七是胆大冒险。胆大冒险是典型的英雄主义，却又是愚昧无知的表现。明知山有虎，偏向虎山行。冒天下之大不韪，别人不敢干的事情他却敢干，一旦遇到危险，又拿不出具体措施和办法，迟早会把自己搭进去，甚至殃及池鱼。

八是经验主义。凭着自己的经验来处事，而不是依据客观事实，往往把法律法规扔到一边，按照老皇历、老办法、老框框、老经验处理事情，缺乏具体问题具体分析，更不能与时俱进，到头来是好心办坏事，最容易犯低级错误。

九是盲干、蛮干、瞎干。这种人有力气，缺知识，使蛮劲，不管不顾。贸然行事，不是碰个头破血流，就是留下终生遗憾。至于瞎干，更令人匪夷所思，碟子扎猛——不知深浅。这三种类型的人，最容易违章，又不长记性，甚至麻烦连连。

习惯性违章不治理，势必形成野蛮施工或作业的习惯，要做到安全生产无事故，比登天还要难。同时，我们抓习惯性违章，又不能搞一阵风，更不能搞大轰大嗡，要从班组实际出发，揭摆习惯性违章现象，分析个中原因，挖出其思想根源，对症下药，采取有效措施，当务之急是如何治理，拿出具体办法，不能泛泛地讲，更不能空对空，班组要抓，企业要管，真正抓出成效来。

一是提高安全意识，对违章者，采取“高压政策”，除了罚款，就是处分，久而久之，打皮了，骂滑了，按下葫芦浮起瓢，该违章还是违章，对此，班组长很伤脑筋。到底怎样治理，还是从根上抓起。人的行为是受大脑支配的，没有牢固的安全意识，岂能解决习惯性违章问题。

二是抓应知应会。如果我们连规章制度内容不清楚，那不等于盲人骑瞎马吗，怎样严格规章制度，当务之急是抓应知应会。没有系统的培训，岂能有应知应会。

三是严肃劳动纪律。其一，严格履行劳动合同及违约应承担的责任（履约纪律）。其二，按规定的时间、地点到达工作岗位，按要求请事假、病假、年假、探亲假等（考勤纪律）。其三，根据生产、工作岗位职责及规则，按质、按量完成工作任务（生产、工作纪律）。其四，严格遵守技术操作规程和安全卫生规程（安全卫生纪律）。其五，节约原材料、爱护用人单位的财产和物品（日常工作生活纪律）。其六，保守用人单位的商业秘密和技术秘密（保密纪律）。其七，遵纪奖励与违纪惩罚规则（奖惩制度）。其八，与劳动、工作紧密相关的规章制度及其他规则（其他纪律）。班组应建立与劳动纪律配套的纪律处罚规定，凡违反者都要予以处理，对屡教不改者，应严肃纪律，绝不能姑息养奸，迁就的本身是为事故埋下隐患。

四是标准化作业。标准化作业是加强“三基”（基层、基础、基本功）工作的重要手段，是落实岗位责任制和各项规章制度的具体体现。实施标准化作业的目的是实现安全生产，提高生产效率，规范作业人员的操作行为，最终达到避免和杜绝由违章作业而导致的各类事故。

五是完善约束机制。制定科学的安全考核机制，这种机制应利于监督和考核。现实生活中，我们往往只注重结果，而忽视过程。比如，奖励无事故单位，而无事故单位却有很多违章行为的存在，也就是说，违章可以得奖，这无疑是对违章的强化。因此，把执行规章制度行为纳入考核范围，违章就要受罚，这样强化了执行安全规章意识，有利于促进安全生产。

安全不是别人讲出的，而是自己做出来的。

42

不要老吃后悔药

【导读】吃一百个豆不知道豆腥味儿，是指不接受经验教训，这是不可取的。不吃后悔药，不断反思自己，不断找出毛病，不断总结教训，这比吃后悔药更为有效，更有价值。

后悔的事，差不多人人都有。有人发出这样的感慨，“悔不当初”“悔过自新”“悔之无及”，之所以产生那么多的“悔”字，在我看来，并不是坏事，而是认识到错误，有悔过自新的表现。然而，倘若“悔”字总是不离身，那是万万不可以的。为什么这样说呢？我认为有以下理由：一是人非圣贤，孰能无过。人生哪有不犯错误的。以企业员工而言，并非样样工作做得十全十美，肯定会出现这样或那样的差错。比如，开错了阀门，扳错了开关，损坏了工具，等等，我曾当过采煤工，曾做错了事，比如，忘关井下风门，矿柱打得不牢，锯错了柱子尺寸。每每做错了事，不用师傅批评，自己觉得脸上火辣辣的。二是人并非生而知之。孔子曰：“生而知之者，上也；学而知之者，次也；困而学之，又其次也；困而不学，民斯为下矣。”唐代韩愈《师说》中有这样的句子：“人非生而知之者，孰能无惑。”比如，我们的工人通过生产实践增长才干，而在实践过程中，并非一帆风顺，有过失败，有过教训。三是吃一堑，长一智。人人都有过教训，但能吸取，并能增长智慧，获得受益，这是最为理想的。事实上，有的没有觉醒，而是沿着错误轨道滑了下去，那是相当危险的。比如，有的工人患有“习惯性违章症”，明知是错误，仍不悔改，头撞南墙不回头。这样的人就不可取了，尽管是极少数，但却危害很大，最容易捅大娄子，甚至发生安全事故。四是知错必改。知错必改是聪明人，有所进步，有所发展，有的就不是这样了，吃一百个豆不知道豆腥味儿，属于习惯性违章的人，他们不接受教训，不痛改前非，简直不可救药。

后悔是醒悟，是觉醒，或是省悟。一般来说，人若犯了错误，能认识到自己的错误或毛病，是一种境界，是一种理智，也是一种反思。所谓境界，因失误给集体或他人带来痛苦，自己却不推诿，能主动承认错误，甚至是担责，难道这样的人，不是一种境界吗？比如，有人在岗位上违章，敢于承认错误，并找出错误原因，并能检讨自己，绝不再犯，这是一种觉悟或一种境界。后悔是一种理智。所谓理智，是指凡事均依靠客观科学规律和道德原则来处理事情的能力。实际生活中，任何工作都不可能十全十美，出现差错或错误并不可怕，只要能认识到并能改正，就是难能可贵的。比如，某领导将操作规程理解错了，结果出现了技术问题，他没把责任推到岗位工上，而是主动承担责任。我觉得，凡事做错了，不要光是后悔，而且要敢于承担或担责，这才是理智，或是道德。光后悔不行，还要反思，这才是正确的思想、正确的态度。否则，还会重蹈覆辙。比如，习惯性违章，老是重犯一种错误，我觉得，这样的人，主要是没记性，不反思，尽管口头上大谈“后悔”，实际上，光说不做或光说不改，涛声依旧。《论语》中有句话：“吾日三省吾身：为人谋而不忠乎？与朋友交而不信乎？传不习乎？”

译文是这样的：“我每天多次反省自身：替人家谋虑是否不够尽心？和朋友交往是否不够诚信？老师传授的知识是不是自己还不精通熟练呢？”不管反思或是反省，都是对自己负责，对集体负责，对事业负责。

怎样才能不吃后悔药？大体方法有以下几个：

第一，发现问题，敢于承认错误。这是不吃后悔药的前提。因为还不知道自己犯了错误，怎么能改正错误呢？比如说，某人在岗位上违章了，被人发现后，要按条例处理，但他死不承认，更别说如何改正了。我觉得，不吃后悔药，首先要敢于承认错误。这里面大有学问：其一，实事求是，明辨是非，正视现实。这样的人，即使犯了错误也会克服和改正。其二，襟怀坦白，有一说一，有二说二，不隐瞒事实。往往有的人犯了错误，不是在主观上找原因，而是在客观上找理由，这样做实际上是欲盖弥彰。比如，某人违章了，拒不承认，还要找很多理由，这样的人死要面子，实在不可取。其三，不推诿，不找客观理由，不把责任推给他人，一人做事一人当。

第二，敢于担当。男子大丈夫敢做敢当，不光是男子汉，巾帼也应如此。犯了错误，或是违章了，捅了娄子，甚至给集体或国家造成不应有的损失，对工友致以不同程度的伤害。对此怎么办，是逃离处罚，还是千方百计抵赖，我觉得，态度决定一切。比如，某化工厂发生毒气泄漏，有人汇报给某班长，他无动于衷，结果出了事。但该班长硬说岗位工没向他汇报，在事实面前抵赖。试想这样的人当领导，员工人身安全怎么会有保障。主要原因，是不敢担当。所谓担当，就是勇于负责任，国家兴亡，匹夫有责，岳飞就是这样的人。如果连自己的责任都不敢负，那是懦夫，是胆小鬼，岂能承担重任，为国家或集体做出贡献呢。

第三，知错必改。这种态度，这样做人，值得提倡。有错误不可怕，怕的是讳疾忌医，怕的是不敢让事情真相大白，怕的是推诿。那不是对错误的态度，更不是工人应有的作风。态度决定一切，所谓态度，就是对事情认识的程度，有一个好的态度很利于改正或修正。我觉得，只有这样，才不至于吃后悔药，才不会犯同类性质的错误。所以说，知错必改，是一种勇气，是一种作风，很值得肯定。

第四，总结经验教训。有人把总结经验叫“过电影”，看看哪些方面做得不对，应吸取那些经验和教训，利于我们搞好工作。比如，有的人善于总结，像班组长的榜样白国周那样，总结经验教训，提炼出安全生产管理法。实际上，有些规章制度就是经验总结，或者说是归纳提炼，成为安全宝典。只有这样，才不会吃后悔药，有所前进，有所发展，做新时代的工人。

人生不需后悔，但总结必不可少。

43

从严要求堵漏洞

【导读】从严要求，主要严在规章制度上，严在操作规程上，严在行为规范上。只有“严”字当头，严细成风，精益求精，堵塞漏洞，避免安全隐患，才能真正实现安全生产。

严是爱，松是害。

就岗位工来说，凡对己要求不严的，不是这儿出差错，就是那儿发生问题，怎么生产优质产品，又怎能实现安全生产呢。唯一的办法，就是从严要求。然而，在实际生产中往往并不是这样，一是对己要求不严，动作会变形，行为会走样。十年树木，百年树人。树人是最难最难的，没有严格要求，没有系统训练，很难培养出有用人才。可以想象，桥吊司机许振超对己严，对他徒弟要求更严，带出了“王啸飞燕”“显新穿针”“刘洋神绳”等一大批具有社会影响的“工作品牌”。试问：同样进厂的工人，为什么有的技术高超，有的工作平平，无所作为。不是有句话吗，严师出高徒，可见，严字当头，就是树人的有效措施之一。二是制度不严，既矫正不了错误行为，又塑造不了优秀工人。所谓制度，一般是指要求大家共同遵守的办事规程或行动准则，也指在一定历史条件下形成的法令、礼俗等规范或一定的规格。换句话说，没有严格的规章制度，不按办事规程行事，不恪守行动准则，那企业就不能称其为企业，工人就不能称其为工人，一盘散沙，岂能完成各项任务，岂能实现优质安全高效。任何一个优秀班组或企业，都是依靠严格的规章制度限制和约束员工行为的，使之更规范，更标准。三是管理不严，主要是指对人的管理不严。所有的管理制度都是用来约束人的行为的，只有在这样严格管理制度之下，才能保证生产有序进行，不至于发生人身伤亡事故。我曾去过一些大企业，他们管理非常严格，产品不但有市场，而且效益可观。由此说来，严与不严，关系到员工素质的塑造，关系到企业的前途和命运。

从严要求，必须从企业实际出发，必须抓住员工根本。现在，各企业对员工要求严，无疑是件好事，在我看来，最大的问题，是制度问题，是方法问题。应该通过制度管理企业，管理和约束人的行为，敢于处罚违章者。然而，有的企业不是这样，他们所谓的"严"，就是罚款，这也罚，那也罚，似乎罚款成了灵丹妙药。这里有这样几个问题应引以为戒：一是规章制度不落实。规章制度是由企业颁布的，如何变为广大员工的自觉行动，需要一个认识过程，要通过各种手段各种方式加以落实，变水过地皮湿为应知应会，使其成为安全生产的"保险杠"。二是视规章制度为企业的"内部法律"。既然是法律，就要无条件地执行。首先，要牢固树立这个观念，不能有变通，更不能当儿戏，更不能亵渎其权威性。其次，在规章制度面前，人人平等。规章制度不仅仅是针对员工的，包括企业所有领导干部，都必须严格遵守。虽然有职务之分，但没有特权，应一视同仁。三是有侧重点，不要胡子眉毛一把抓。工种不同，岗位不一，各有各的操作或作业规程，必须严格遵循，不能出任何差错，否则，易发生事故，或碰手砸脚，或伤着他人。四是温故而知新。有的规章制度不是学一遍了事，不但要熟知，而且要会用。千万不要把它当成花瓶，那是生命的“保护神”。

既要有严格要求，还要堵塞漏洞，不能有任何瑕疵，做到万无一失。所谓漏洞，是指法律、法令、条约或协议中有不周密的地方，要堵住立法中的明显漏洞，不断加以完善。我这里是指规章制度有不完善的地方，或在操作中有漏洞，既不利于保护自己，相反还会伤及他人。堵塞漏洞很有必要，到底要堵哪些漏洞呢，既不能盲目地堵，更不能乱堵，以我之见，主要堵以下漏洞：

第一，堵规章制度不完善或有缺欠的地方。这个漏洞不可小视，因为规章制度是内部的法律，有其权威性，但并不是十全十美，仍有需要修改和完善的地方。我们生产一线的员工最有发言权，他们知道哪里有瑕疵，哪里有缺欠，哪章哪款需要补充完善。对不适应企业发展和安全生产的规章制度应加以修改。比如，煤矿瓦斯超限停止作业撤人制度，总回风巷瓦斯或二氧化碳超过 0.75% 撤出井下工人。采掘工作面风流中二氧化碳浓度达到 1.5%时，必须停工撤人。之所以有这样的规定，都是基于保护工人的生命安全。应该说，凡不利于生命安全的规章制度，都要进行修改与完善，这是以人为本方针所要求的。所以，要堵塞漏洞，企业内部的规章制度都不能放过。

第二，凡不利于安全生产的工艺、技术及设备，都要修改与完善。新工艺、新技术、新设备的投入与使用，必须修订原有的作业或操作规程，因有漏洞，不利于安全生产。我觉得，这方面的缺欠和漏洞往往被忽视，同时又是最大的安全隐患。举个例子，任何设备都装有保障装置，这好比自行车的前后闸一样，起着保险作用。我参与处理过一次绞车过卷坠罐砸人事故，绞车司机打盹了，保险装置拆除了，起不到自动停车作用，自然发生了这起事故。

第三，抓住细节，堵塞漏洞。有的企业之所以产品打不出去，关键是缺少能工巧匠、技术能手。说到底，能工巧匠和技术能手又是抠细节的能手。谁把细节做得细致入微，天衣无缝，那他的技术就上水平，甚至有望攀登技术高峰。那么细节与优质安全高效有何关系呢？工作做得越细，产品越是优质，安全系数也就越高。凡是安全出事故的，大都是没做到精益求精，甚至留下瑕疵，给安全留下了隐患。在某种意义上说，那些技术能手，把细节抠得越细，越不易出现安全隐患。所谓从严要求，就是严格细节，一招一式，一举一动，千锤百炼，把工作做到家，做到极致，这是有效防止漏洞的有效方法。

患生于疏忽，祸发于细微。细小漏洞不补，事故洪流难堵。

44

安全是最大福祉

【导读】对于企业员工来说，最大的幸福，莫过于安全。要坚持以人为本的方针，要有高投入，要有严格管理，还要培养高素质员工，提高安全指数，创造幸福，享受快乐。

孙中山《同盟会宣言》中有这样一句话："复四千年之祖国，谋四万万人之福祉。"福祉，是幸福、利益、福利的意思。就工人而言，最大的福祉就是"安全"。安全生产全家福，出了事故全家苦。

为什么说安全是最大的福祉？

第一，企业不是谋财害命的，而是给员工们带来福祉的。企业生产的目的，是满足人们日益增长的物质和文化需要。毛泽东曾说过：战争的目的不是别的，就是"保存自己，消灭敌人"。我们企业生产也是如此，既要生产优质产品，又要保护员工生命安全。如果老是出事，甚至是吞噬员工的性命，谁还要这样的企业。对于企业来说，不光是创造物质财富，而且要保护员工身体健康。然而，个别企业不是这样，他们要钱不要命，没有防治粉尘措施，不注意保护员工身体健康，致使一些人染上职业病。名义上打着为国家创造财富的旗号，任意践踏法律法规，实际上也等于谋财害命。倘若在这样的企业谋生，有安全感吗？还有幸福吗？

第二，应该承认，企业生产有困难，有艰难险阻，并非一帆风顺，要做到安全第一，预防为主，尽职尽责，不出事故，那才是员工最大的福祉。应该承认，企业生产是要承担一定风险，某个环节没做到位，或是留有安全隐患，随时都会有事故发生。以煤矿为例，不采取防范措施，未采取“先抽后采”措施，采场瓦斯浓度增高，甚至超过界限，随时都会有爆炸危险，给矿工带来极大的伤害。如果不治理或防范瓦斯，随时就有可能被瓦斯所吞噬，不仅出不了煤，还会搭上性命，幸福从何谈起。

第三，企业安全管理不严，给安全隐患留有空隙，这好比定时炸弹一样，随时都有爆炸的危险。主要表现在：其一，制度不严。企业规章制度是内部法律，目的是保证整个流水线有条不紊进行，假如不严格，不规范，等于打开堤坝一样，那将是什么样的情景。其二，管理不严。主要表现在：不按制度办事，我行我素；不执行安全纪律，随意更改；不按规程作业，随意变通。比如，我曾参加一次重大伤亡事故处理。绞车司机因打盹，造成绞车过卷绳断罐坠，砸死砸伤十几人。再细究一下，是对设备管理不严，随意拆除安全制动装置，一旦过卷，不能起到保护作用。其三，自律太差。有的员工对己要求不严，素质较差，时有违章，轻者，伤胳膊断腿；重者，搭上性命。对重点工种、重点岗位，管理不严，一旦出现漏洞，损失很大，甚至影响整个企业的生存与发展。

幸福不是从天下掉下来的，安全生产更不是说出来的，所有的企业都要坚持以人为本方针，每个员工都要遵章守纪，做到安全生产，高高兴兴上班，平平安安回家。形势要求企业必须实现安全生产，保护员工身体健康。我从媒体上得知，神华集团的某些煤矿实现百万吨无事故。之所以这样，一是他们安全生产方针得到了落实。二是安全管理到位，没有差错。三是采取行之有效的防治措施。这是不出“带血煤”的根本所在。因此，要保证员工生命安全，大体上应该这样做，才会收到事半功倍的效果。

首先，企业必须坚持安全生产方针，既要在保证员工身体健康的基础上，获得最大利润，又不能以牺牲员工生命为代价。应该看到，近些年来，有的企业家的良心黑了，想的是效益，根本没把员工的生命当回事。比如，职业病就是最为明显的例子，全国职业病患者知多少？那些无辜的患者，竟然在不知情的情况下，在粉尘大的场所里作业，结果是肥了老板，害苦了员工。试想，在这样的企业做工，能享受得到幸福吗？连起码的人身安全都没有保证，奢谈幸福。如果企业安全生产方针不落实，安全生产没保证，还会发生伤亡事故。连起码的生存条件都没有保证，谁还敢到这样的企业去打工。

其次，豁出血本，强化防治措施，不给安全留下隐患，不给事故留有机会。在安全生产上有没有较大投入，是衡量企业其防治措施是否落实，能否给员工带来福祉的关键。应该看到，凡机械化、自动化、信息化的企业，安全系数相对就高。以煤矿为例，有些煤矿投入大量资金，引进了新技术、新装备，节省大量人力，提高劳动效率，减轻体力劳动，提升安全系数。比如，加大了防治措施，实行了“先抽后采”“一通三防”等，从源头上堵住了安全漏洞。还有的在采场设置了“生命舱”，一旦发生事故，有临时躲避的地方，给施救延长时间。其他企业也是如此，他们给安全戴上了“紧箍咒”“双保险”，事故率下降了，员工安全有保证了，他们拍着胸脯说，我幸福了，我安全了，其乐无穷。

再次，遵章守纪，坚守自律，是保护自己的前提。对于员工来说，再好的作业环境，再安全的地方，如果有违章作业的，事故也会找上门来。因此，首要的一点，就是别违章违纪，做好自己。所谓做好自己，就是执行规程不走样，精益求精不含糊。要做到应知应会，练好硬功，夯实基础。无论在任何情况下，都一如既往，作风过硬，技术高超，优质安全高效，做可以信得过的好员工。其次，不满足现状，要接受新事物，研究新问题，以适应企业的快速发展。再次，就是自律，不管在任何情况下，都不能违章，更不能随心所欲。凡是优秀的企业员工都是高素质。所谓的高素质，就是严格守纪，技术精湛，细致入微，真正把企业的事当成自己的事，做到优质安全高效。假如都是这样素质的员工，不仅能实现其价值，又能平平安安上班，是很有幸福感的。

我这样说，安全就是最大的福祉，理由是不是很充分啊?

忽视安全的人就是忽视自己的幸福，珍惜安全的人就是珍惜自己的幸福。

企业优秀班组安全建设方法系列读本

优秀班组必备的安全生产管理制度

优秀班组安全生产标准化建设

优秀班组安全生产禁令30条

优秀班组反“三违”必读

优秀班组劳动防护与应急救护

优秀班组长安全生产工作方法

优秀班组安全文化建设

安全生产经典演讲集

策划编辑　傅圣英
责任编辑　赵建北
责任校对　洪　娟
装帧设计　崔俊峰

ISBN 978-7-5167-0558-2

9 787516 705582 >

定价：16.00元